AF287732

DANS MED FREMTIDEN.

NYE TRIN TIL INNOVATION I VELFÆRDSSEKTOREN…

© University College Nordjylland

Udgivet af UCN Forlag

FORSKNING OG UDVIKLING

Selma Lagerløfs Vej 2
9220 Aalborg
www.ucn.dk/fou

Redaktion og tilrettelæggelse
Ann-Merete Iversen
Anne Marie Kanstrup
Hans Jørgen Staugaard
Jens Boelsmand

Udgivet februar 2013

Grafisk produktion
Yvonne Miller
Kommunikationsmedarbejder i Forskning og Udvikling

Trykkeri
Books on Demand, www.bod.dk

ISBN: 9788771145557

Indhold

Dans med fremtiden
– projektet og antologien

Af Ann-Merete Iversen, projektkoordinator, lektor UCN

Projektet, denne antologi beskriver i dens forskellige bidrag, startede i 2010 som et udviklingsprojekt forankret på pædagoguddannelsen i UCN. Intentionen med projektet var dels at undersøge og udvikle metoder til innovation på velfærdsområdet og dels at kompetenceudvikle en gruppe ansatte til at facilitere innovations- og udviklingsprojekter i denne sektor.

En række institutioner i Nordjylland stillede sig til rådighed som prøvebane i udviklingsprocessen. Disse institutioner formulerede udviklingsønsker og med disse ønsker som omdrejningspunkt gennemførte de til projektet knyttede undervisere specielt tilrettelagte forløb med personale og ledere i institutionerne.

Projektets metodiske grundlag er C. Otto Scharmers teori U og Art Based Coaching. Meget kort fortalt danner teori U ramme om forståelsen af innovation i komplekse systemer. Art Based Coaching definerer et metodisk udgangspunkt for at anvende kunstbaserede tilgange i udviklingsprocesser. For uddybning af disse metoder henvises til C.Otto Scharmer og Paulo Knill samt flere af denne antologis bidrag.

Endelig har to forskere fulgt projektet via observationer og interviews.

Bidragene i antologien er forfattet af nogle af de undervisere, der er en del af projektet, af de to tilknyttede forskere samt af projektets koordinator.

3

Nye trin i organisationsudvikling
- Innovation på bunden af U'et

Af Ann-Merete Iversen, projektkoordinator, lektor UCN

Projektets udgangspunkt var at byde pædagogiske institutioner og beslægtede organisationer op til dans. Vi ville metaforisk talt invitere ud på dansegulvet i den intention at skabe grobund for innovation i professionen.

Mange års erfaringer fra både offentlige og private organisationer viser, at det kan være svært at bryde med rutiner og kendte handleformer. Resultatet kan være en praksis, der forbliver dysfunktionel i lange perioder. Det har været en almindelig anskuelse særligt i den offentlige sektor, det vi også kalder velfærdssektoren, at dysfunktionel praksis i overvejende grad skyldes mangel på ressourcer. Og konklusionen har ligget lige for. Når vi ikke har flere ressourcer, end vi har, må vores ydelse nødvendigvis være mangelfuld. Samtidig er det blevet tydeligt – og nu forstærket af den globale økonomiske krise – at ressourcerne bliver færre sammenholdt med opgavernes mængde og omfang. Dette giver i sagens natur anledning til nogen pessimisme i sektoren. Ansatte øger tempoet, løser

flere og større opgaver indenfor samme ressourceramme og resultatet er øget stress og nedslidning[1]. Samtidig oplever sektoren en øget bureaukratisering som følge hastigt voksende kontrol – og evalueringskrav. Med andre ord et sammenrend af faktorer, der kalder på udvikling og nytænkning.

Over en bred kam skaber vores problemløsning effekter og resultater (og bivirkninger), som ingen ønsker. Alligevel lykkes det ikke vores ledere og beslutningstagere at rette kursen ind, og de evner ikke at styre tingene i en anden retning. De føles sig simpelthen lige så fastlåste som os andre i et fælles ridt mod afgrunden.

(...)

De sociale strukturer er i færd med at bryde sammen – dette gælder på lokalt, regionalt og globalt niveau. Disse menneskeskabte strukturer bygger på to særlige paradigmer: på den ene side det præmodernistiske, konventionelle paradigme og på den anden side modernismen, der indbefatter den

4

industrielle tænkning og handling. De har begge givet gunstige resultater i fortiden, men i vores tidsalder er de begge ved at disintegrere og opløses."[2]

At systemerne nærmer sig sammenbrud, og at der er behov for radikal nytænkning indkredses her af C. Otto Scharmer. Han beskæftiger sig i sin bog *Teori U. Lederskab, der åbner fremtiden* med de nationale og globale systemers sammenbrud og med de mangelfulde kompensatoriske handlinger, der foretages som følge. Han giver samtidig et bud på et sæt af metodiske og analytiske redskaber, der kan anvendes til at generere den nødvendige radikale innovation, samlet under ét kaldet *teori U.* [3]

Blandt grundelementerne i teori u er *de sociale systemer.* Disse beskrives bedst som de erkendelses- og kommunikationsstrategier mennesker benytter sig af i sociale kontekster. Hvordan de modtager og bearbejder information fra omgivelserne, hvad de retter deres opmærksomhed mod og hvorledes de løbende konceptualiserer informationerne. I alle menneskelige sammenhænge producerer mennesker sammen betydning. Vi sanser, bearbejder, fortolker, handler. En del af dette er det synlige område; det vi umiddelbart kan se mennesker gør og siger. Det

usynlige område er *den indre tilstand,* som vi perciperer og handler ud fra. Vores motivation og intention. Denne tilstand retter Scharmer en særlig opmærksomhed mod fordi dette usynlige område, *den blinde plet,* er kilden til forandrende handlinger. Når vi bliver opmærksomme vores motivation for at handle på bestemte måder har vi samtidig adgang til at ændre disse handlinger. Hvorfor gør vi det vi gør, behøver vi fortsætte med at gøre netop dette, findes der andre handlemåder, hvordan finder eller opfinder vi dem?

En del af denne erkendelsesændring er, at vi bliver opmærksomme på forskellige måder at erkende omgivelserne på. Scharmer skitserer fire positioner[4]: én der baserer sig på vaner og rutiner; vi ser det vi plejer at se, "been there, done that" (jeg-i-mig), én hvor vi ser på omgivelserne med et friskt blik og et åbent sind "aha – ser man det!"(jeg-i-det) , én hvor vi forholder os empatisk til omgivelserne "jeg forstår fuldstændig, hvad du mener" (jeg-i-dig) og én, hvor vi er i en tilstand af øget sensitivitet og vilje til at åbne os mod omgivelserne – oplevelsen af at være forbundet til omgivelserne så tingene og kommunikationen nærmest flyder af sig selv, af at tid og sted ophæves (jeg-i-nu).

5

Sociale felter:

Jeg-mig

Jeg-i-det

Jeg-i-dig

Jeg-i-nu

objektivt blik på vores faktiske situation. Flytter vi blikket ud af – mod kolleger, brugere, samarbejdspartnere og øvrige interessenter (jeg-i-dig) er der mulighed for at få et indblik i deres position, i den rolle de spiller i forbindelse med den opgave professionen løser. I denne position får vi et nyt perspektiv på vores egen praksis set med andres øjne. Og vi får mulighed for at forstå den andens perspektiv.

De to positioner *jeg-i-det* og *jeg-i-dig* leverer råstoffet til mulig forandring af- og innovation i opgaveløsningen. De åbner samtidig mod den kontekst som enhver profession er forankret i og afhængig af.

Anskuer vi velfærdssektorens situation og reaktion ud fra disse fire positioner vil den opfattelse at sektoren er ramt og ydelsernes kvalitet nødvendigvis falder med den øgede opgavemængde være baseret på rutinemæssig tænkning (jeg-i-mig). Vi anskuer verden som vi plejer og får derfor aldrig eller sjældent øje på alternative handlemuligheder. Vælger vi en anden strategi, nemlig at vove at se på vores egen praksis med friske øjne (jeg-i-det), er der mulighed for, at vi får en ny og anderledes opfattelse af vores praksis. Det kan for eksempel være, at vi begynder at betragte den opgave vi løser på nye måder, eller vi bliver måske i stand til at kaste et

Den fjerde position, *jeg-i-nu* bringer brugere og professionelle sammen i en fælles åbenhed mod- og villighed til at se nye løsninger og handlemåder. Det kan for eksempel være, at den gensidige undersøgelse af opgaven har givet erkendelser, der nærmest af sig selv fører handleforslag med sig. Eller det kan være at processen mod at finde nye løsninger skal hjælpes på vej.

Innovation i offentlige institutioner
Det store spørgsmål i forbindelse med Teori U er, hvorledes mennesker bliver i stand til at skabe nye bæredygtige strategier i samfundets forskellige

6

institutioner. Ofte kan individers og gruppers handleregister være begrænset af vanetænkning. Christian Bason beskæftiger sig i *Leading public Sector Innovation. Co-creating for a better Society* dels med de forhindringer, der kan være for innovation i den offentlige sektor og dels med begrebet *co-creation*. Blandt forhindringerne optræder den præmis, at den offentlige sektor er underlagt politiske beslutninger. Lovgivere kan være fristede af at foretrække løsninger, der giver hurtig gevinst i opinionsmålinger frem for langsigtede løsninger, der baserer sig på reelle behov og fakta[5]. Offentlige organisationer er samtidig ofte hierarkisk opbyggede og præget af tungt bureaukrati og silotænkning, faktorer Bason benævner som anti-innovations DNA. Divergens hyldes ikke, tværtimod synes de enkelte fag og professioner lukkede om sig selv.

(…) strong professional identity can also imply a mono-professional culture that doesn't allow for the constructive clashes between different professions that is often a catalyst for radical new solutions. Public professionals may feel that due to their education and experience as a nurse, a teacher, a social worker or (perhaps especially) a policymaker, they know more about the citizen's need than the citizen herself[6]

(…) en stærk professionel identitet kan også være tegn på en monoprofessionel kultur, der ikke tillader det konstruktive sammenstød mellem forskellige professioner, der ofte er katalysator for radikale nye løsninger. Professionelle i den offentlige sektor kan have den opfattelse at de gennem deres uddannelse og erfaring som sygeplejerske, lærer, pædagog/ sagsbehandler eller (måske især) politiker ved mere om borgerens behov end borgeren selv. (egen oversættelse)

Bason understreger samtidig, at mange offentlige ledere og ansatte ønsker at skabe positiv forandring, men at deres innovative potentiale ikke bringes til udfoldelse. Der synes at være en modvilje mod at udforske nye ideer og løsninger

There is often a lack of willingness to really, really explore which new ideas and solutions can be possible (…) most public organisations intuitively do not seek to be at the forefront of a change agenda. Risk-taking is typically not embraced, but discouraged. Individuals are left without ressources, backing or incentives to develop, embrace and realise their good ideas.[7]

Der er ofte en manglende villighed til virkelig, virkelig *at udforske hvilke*

7

nye ideer og løsninger der er mulige (...) de fleste offentlige organisationer søger intuitivt ikke at være i fronten af forandring. At tage risici er uvelkomment. Den enkelte efterlades uden ressourcer, opbakning eller incitament til at anerkende, udvikle og realisere gode ideer. (egen oversættelse)

> ### Det innovative økosystem:
>
> • **Mod**
>
> • **Bevidsthed**
>
> • **Barrierer og potentialer**
>
> • **Co-creation**

Som alle innovatører må erkende; forhindringer er der nok af, men hvordan overkommer vi dem? Bason nærmer sig noget han kalder *det innovative økosystem,* hvor elementerne beskrives som de fire c'er, *courage,* innovationens hvem: her er fokus på ledelsesmæssig vilje og mod til innovation, *consciousness,* innovationens hvad: her er fokus den bevidsthed innovation kræver, *capacity,* innovationens hvor: her er fokus her

er fokus på barrierer og potentialer for kreative processer i organisationer, og *co-creation,* innovationens hvem: her er fokus på hvordan man designer løsninger med mennesker, ikke for mennesker. Med inspiration fra lederen af IDEO[8] inviterer Bason offentligt ansatte til at gøre det indlysende; at stille spørgsmålet *hvordan er det at være barn i en børnehave, at være borger på kontanthjælp, at være indlagt på et hospital?* Med andre ord at foretage det perspektivskifte, der er nødvendigt for at skabe brugerdrevet innovation gennem co-creation. Begrebet taber en del i dansk oversættelse, samskaben, men essensen er at forandring og udvikling skal skabes af brugere og professionelle sammen.

Co-creation på bunden af U'et

Som hos Bason er co-creation et grundprincip i innovationsprocessen hos C. Otto Scharmer. Det er et givet felts interessenter, der kender problemerne og samtidig har den viden, der skal til for at skabe nye bæredygtige ideer og handlinger. Men som Bason påpeger, sker denne innovation sjældent af sig selv. Barrierer skal overvindes, bevidsthed skal ændres og sidst men ikke mindst, skal rammerne for, at innovation kan finde sted, skabes.

8

I *Dans med fremtiden. Nye trin i organisationsudvikling* har vi fra projektets start arbejdet med at undersøge og udvikle teori og metode, der kan bidrage til at skabe rammer for innovation. Med bevidstheden om, at innovation har mange fjender, særligt i krisetider, har intentionen været at hjælpe professionelle til selv at udvikle løsninger, der modsvarer professionens udfordringer. Så de store spørgsmål har været; hvordan tilrettelægger vi en proces, der dels inspirerer professionelle til at kaste et nyt blik på deres praksis, udfordrer dem til at lytte *virkelig lytte* til hinandens og brugernes oplevelser, giver dem modet til at være villige til at give slip på gamle vaner og for forståelser – og sidst, men ikke mindst, giver dem lyst at skabe nye løsninger sammen.

I den konkrete udformning har de mange gennemførte forløb i institutioner været meget forskellige. Lige så forskellige som de deltagende institutioner. Og dette indrammer en central pointe i projektet. Der er ikke to institutioner der er ens. Der er forskellige mennesker i forskellige konstellationer, med forskellige erfaringer, kulturer, vaner, tænkemåder, handlemåder. De har forskellige problemstillinger og udfordringer og løsningen på disse kan ikke anskues løsrevet fra menneskene og konteksten.

Hver person har sin helt egen unikke motivation for at gøre, som hun gør. Derfor er det særlige kendetegn i dette projekt da også, at de processer, der tilrettelægges og gennemføres af konsulenterne skabes i samarbejde med de involverede professionelle i en dynamisk og emergent proces.

Kendetegnende for teori U og kunstbaserede tilgange er, at der arbejdes bevidst med lydhørhed, man kan også benævne det som sensitivitet, i forhold til et givet felt. At se, lytte, sanse, åbne sig og være skabende er fællesnævnere. I *Dans med fremtiden. Nye trin i organisationsudvikling* er arbejdshypotesen, at netop denne metodiske kombination kan åbne en sprække mod fremtiden i professionen. Og vi er langt fra færdige. Erfaringer er høstet, drøftet, reflekteret. Derfor skal herværende antologi betragtes som "work in progress" – et indblik i hvor vi er nu. Fortsættelse følger....

Dans med fremtiden – nye trin i organisationsudvikling starter i 2010 med et kompetenceforløb for de undervisere, der deltager i projektet. Projektets to bærende metoder, C. Otto Scharmers Teori U og Art Based Coaching introduceres og afprøves i internatforløb samt en række workshops. Sideløbende går arbejdet med at finde interesserede pædagogiske institutioner til at medvirke i projektet. Tilbuddet til institutionerne er gratis konsulentbistand til en udviklingsopgave efter eget valg mod en villighed og åbenhed i forhold til projektets metodiske grundlag.

Der etableres samarbejde med en række institutioner, børnehaver, specialinstitutioner, mindre ledergrupper og andre.

2010-2011 gennemføres en række forløb i institutioner. Der dannes et begyndende erfaringsgrundlag hos deltagerne. Undervejs reflekteres og udvikles projektets metodik på en række workshops. Et resultat af den løbende metodeudvikling er at projektets metodiske grundlag ændres i 2011. Metoden Art Based Coaching omdefineres fra at være den eneste kunstbaserede tilgang, som der anvendes i projektet til at være én blandt mange mulige kunstbaserede metoder[9]. Projektet skifter arbejdstitel fra ABC&U til ABI

(art based innovation). Teori U forbliver bærende i det metodiske grundlag.

Der tilknyttes forskere fra Aalborg og Århus Universitet. Projektet fortsætter i 2012 under sin nye arbejdstitel. Der gennemføres fortsat forløb i institutioner og projektets udvikling dokumenteres af de tilknyttede forskere.

Dans med fremtiden er et projekt, der aktivt integrerer kunstbaseret metode, som erkendelsesform og som vej til skabelse af nye løsninger. Udtryksformerne varierer fra gang til gang, som flere af de øvrige bidrag i antologien beskriver. Forståelsesrammen for innovation baserer sig på C. Otto Scharmers Teori U.

Grundstrukturen i de enkelte forløb, der gennemføres som en del af projektet er;

- *Kontaktetablering; en institution henvender sig og tilkendegiver interesse for at medvirke i projektet*

- *Der føres kort dialog om forventninger og præmisser for at deltage i projektet. Der tilknyttes konsulenter til institutionen. Konsulenterne arbejder i teams, hyppigst bestående af to personer*

- *Konsulenterne foretager forundersøgelser i institutionen og*

10

kontrakterer med ansvarlig ledelse. Formålet med forundersøgelsen er, at konsulenterne danner sig et indtryk af institutionen, hvem er de, hvordan arbejder de, hvad er vigtigt for dem etc. Kontrakteringen er en gensidig aftaleindgåelse om hvad konsulenter og institution leverer til projektet

- *Konsulenterne gennemfører én eller flere sessions i institutionen, hvor det metodiske og teoretiske udgangspunkt er en kombination af Teori U og kunstbaseret metode. Intentionen med sessions er at skabe innovation i den pågældende institution på et område institutionen selv har udpeget og formuleret*

- *Der kan efterkonsulteres. Her bidrager konsulenterne til implementeringsfasen i forhold til de innovative ideer der er opstået under sessions*

Noter

1. En undersøgelse foretaget af FOA i august 2012 blandt offentlige ledere viser at hver fjerde leder mener at arbejdsmiljøet på deres arbejdsplads er belastende. Blandt årsager nævnes kortere tid til at udføre de enkelte arbejdsopgaver, uklare forventninger til arbejdets udførelse samt at der svært at leve op til det forventede serviceniveau (www.arbejdsmiljoviden.dk)
2. C. Otto Scharmer, Teori U. Lederskab der åbner fremtiden, Ankerhus 2009, s. 11
3. Se også bidrag af Tatiana Chemi i herværende udgivelse for uddybende beskrivelser af teori U.
4. C. Otto Scharmer, *Teori U. Lederskab der åbner fremtiden*, Ankerhus 2009, s. 19-20
5. Christian Bason, *Leading public Sector Innovation. Co-creating for a better society*, The policy Press 2010, p. 15
6. Op.cit. p. 16
7. Op.cit. p. 17
8. Toneangivende amerikansk firma, hvis speciale er innovation. For information se www.ideo.com
9. For uddybning af denne progression se Tatiana Chemis bidrag i herværende publikation

11

På vej mod uudnyttet kraft

- Beskrivelsr fra en coachingforløb med inddragelse af æstetiske læreprocesser

Af Thomas Waring Stubben, adjunkt UCN & Anna Ørnemose Rasmussen, adjunkt UCN

"I forhold til teamet er der blevet fri sat noget energi. Helt sindssygt meget for mig … Noget fungerer på flere niveauer i sådan et team. Noget fungerer der, hvor vi er professionelle, og noget fungerer der, hvor vi er følelser. Og dernede i det følelsesmæssige blev der frigivet noget for mig den dag i skoven. Da vi gik derfra, kunne jeg bare mærke, at der var noget, der eksploderede i mig, "hvad-fanden-har-vi-gang-i-agtigt" – tænkte jeg. Altså, vi er rigtigt professionelle - dét er vi rigtigt dygtige til, men vi glemte bare, for mig at se, at der også var noget følelsesmæssigt i vores team, som vi slet, slet ikke fik sat ord på. Men af en eller anden grund, fordi vi fik leget og gjort nogle anderledes ting, der var lidt skørt […] skete sådan noget som i hvert fald forløste noget for mig, og hele teamet har jo æn-

dret sig kolossalt siden." - sådan udtaler en af procesdeltagerne et år efter, at hun og hendes kolleger deltog i processen, hvor vi kombinerede Art Based Coaching med Teori U.

Vores coachingforløb er en del af et udviklingsprojekt med titlen ABC & U – Art Based Coaching & Teori U. Udviklingsprojektet er et samarbejde mellem undervisere og konsulenter fra Pædagoguddannelsen i Aalborg (UCN) og forskere fra henholdsvis Aalborg og Aarhus Universitet. Undersøgelsesspørgsmål i forhold til ABC & U har været: *Hvorledes kunstbaseret metode, kombineret med en organisationsudviklingsmetode kan bidrage til at fremme udvikling og innovation indenfor velfærdsområdet.*[1] I forlængelse heraf var vores formål at udarbejde en æstetisk baseret tilgang til coaching, der kan anvendes i forhold til aktørerne i pædagogiske praksis, og som

12

kan skabe fornyelse og perspektivskift på områder, aktørerne ønsker at udvikle.

Herunder har vi i vores proces særligt fokus på:

- Planlægning og samspillet mellem forskelle elementer i opbygning af coachingprocessen

  - Progression i og overgang mellem processens forskellige dele, samt de fysiske rammes indvirkning på dette.

Teoretisk grundlag – Hvorfor tror vi på det?

Teoretisk er vi inspireret af Otto

Scharmers *Teori U* og særligt af begrebet *presencing*. Teori U er en teori, der primært benyttes til en organisations- og lederskabsudvikling, men vi tænker, at mulighederne i teorien er mange. Scharmer definerer begrebet *presencing* således: *Begrebet er på engelsk en sammensmeltning af "presence" og "sensing" Det indbefatter at fornemme, rette bevidstheden mod og handle ud fra et nærvær i nuet og ens optimale fremtidige mulighed* [2]. Vores opgave ser vi, i forlængelse heraf, som værende at skabe betingelserne for, at vores procesdeltagere giver slip og oplever et *nærvær i nuet.*

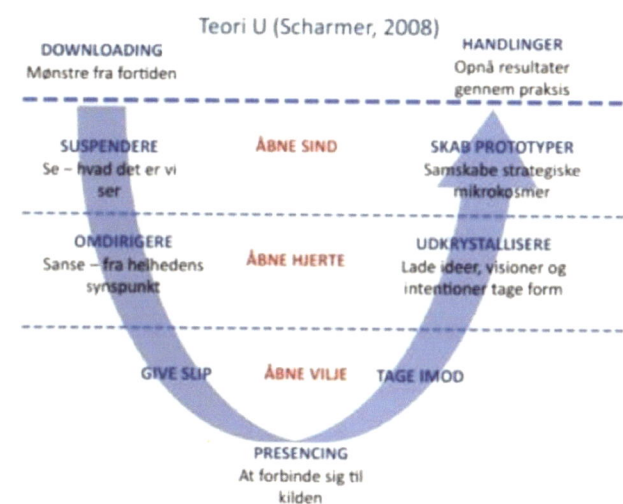

Teori U (Scharmer, 2008)

1 3

I vores proces med dagtilbudslederne var vi særligt fokuseret på vejen til precencing med en begyndende opmærksomhed på at kunne tage imod og handle på nye indsigter. Scharmers Teori U er bygget op omkring 7 opmærksomhedsfelter, tre felter, der peger mod en tilstand af precencing, samt 3 felter, der sigter mod at handle og opnå konkrete resultater. Det er således vejen ned i U´et, der primært har haft vores opmærksomhed, hvorimod udførelsen af forandringen ikke har været en del af processen denne gang[3].

Metode – Hvorfor gør vi, som vi gør?

Vi finder det centralt at have en klar struktur i forhold til en proces som vores, da man som facilitator således har mulighed for at give plads til kreativitet, men stadig styre processen. Ydermere kan den klare struktur skabe en tryghed i processen hos deltagerne, hvorved den enkelte tør hengive sig.

Med henblik på at guide vores deltagere gennem U´et til en tilstand af precencing, har vi taget udgangspunkt i modeller udarbejdet af Paolo J. Knill[4] og Bodil Boss Nielsen[5]. Vi har kombineret og justeret modellerne, så de matcher til vores proces og målgruppe.

Procesdeltagerne liv
Denne indledende fase har til formål at forventningsafstemme mellem deltagere og coach.
Her præsenteres bandt andet tema og tidsramme.

Åbning af sessionen
Procesdeltagerne formulerer et individuelt åbent spørgsmål, der ønskes udforsket i den følgende proces.

Bro fra arbejdsliv
Coach inviterer i en proces, der skal bringe opmærksomheden fra spørgsmålet til de æstetiske udtryksformer

Decentrering
Aktiviteter der er centeret omkring en skabende, æstetisk proces. Der skal skabes et æstetisk udtryk.

Æstetisk analyse
Det æstetiske udtryk analyseres ved hjælp af en række coathingspørgsmål. Spørgsmålene omhandler konkret erfaring og følelser fra arbejdsprocessen.

Bro til arbejdsliv
Procesdeltagerne sammenholder deres individuelle spørgsmål og deres noter fra analysen. De refleksioner, der opstår nedskrives - dette kan beskrives som analysens udbytte.

Afslutning af session
Alle procesdeltagere fortæller om deres udbytte.

Forankring i arbejdslivet
Analysens udbytte udkrystalliseres i prototyper - første skridt i forhold til at omsætte udbyttet til konkret handlen.

14

Dagen med uudnyttet kraft

Følelsen at tage en chance var både en følgesvend, indpisker og inspirator i vores arbejde med coaching og æstetiske læreprocesser. Vi har deltaget i projektet ABC & U (Art Based Coaching og Teori U) med det formål at koble teorier og metoder fra forskellige videnskabelige traditioner og med afsæt i disse at gå nye veje. I disse processer har vi måttet udforske forskellige metoder, søge ny indsigt i teorier og bevæge os ind på - for os – nye arbejdsområder. Alt dette med henblik på at afprøve vores kombination af Art Based Coaching & Teori U på en gruppe mennesker, der arbejder indenfor det pædagogiske felt.

Da vi mødtes med vores procesdeltagere en halvgrå september morgen, var det med lette sommerfugle i maven. Vi var alle indstillet på at tag en chance, men vidste samtidig, at chancen for, at vi alle spildte tiden var vores vilkår. Vi gisnede om de andres mulige fordømmelse - chancen for at blive til grin, fordi vi ikke kunne leve op til vores intentioner. Vi kæmpede med forestillinger om vores og andres forventninger til at indgå i læreprocesser, og vi mærkede en usikkerhed i forhold til, om vi egentligt turde bevæge os ud på nye stier med leg og æstetiske udtryk som redskaber. Med Otto Scharmers ord mærkede vi de

tre stemmer – *Voice of Judgement* (Vof), *Voice of Cynicism* (VoC) og *Voice of Fear* (VoF)[6]. At vi måtte have chance med som spiller i udviklingsarbejdet var således en grundpræmis, der bidrog til usikkerhed men også inspirerede til at fortsætte. Vi er drevet af forestillingen om, at det netop er ved at slippe den vanlige rationelle tilgang til udvikling, at man skaber nye perspektiver og muligheder, og det er netop omdrejningspunktet i vores projekt.

Procesdeltagernes liv

Vores procesdeltagere var et nyetableret dagtilbudsteam bestående af én dagtilbudsleder og fire pædagogiske ledere. Deres formål med at deltage i coachingforløbet var at udvikle deres interne samarbejde i dagtilbudsteamet.

Vi havde inviteret dem til at indlede sessionen på pædagoguddannelsen. Det var vores antagelse, at alle var fortrolige med stedet, da de af og til kom der i forbindelse med kurser, praktik og lign. Samtidig så vi det som sandsynligt, at de forbandt pædagoguddannelsen med læring og tilegnelse af nye indsigter.

Til ankomst havde vi bestilt morgenbrød, kaffe og the som ved enhver anden opstart på en kursus- eller mødedag. Vi mødtes i et lokale, hvor bordene var skubbet til side, så der var gulvplads, og stolene stod midt på gulvet i en rundkreds. Procesdeltagerne ankom, skænkede kaffe og småsludrede om hverdagsting. Vi bød velkommen og præsenterede os selv. Vi havde valgt ikke at afsløre dagens program, og informerede i stedet om, at vi løbende ville beskrive, hvad der skulle ske.

Vi valgte at introducere det teoretiske univers, som vores forløb tog afsæt i. Baggrunden herfor var bl.a. at afstemme forventningerne i forhold til at kaste sig ind i nye og utraditionelle situationer, hvilket æstetiske udtryksformer for mange er. Vi havde til lejligheden udarbejdet et visuelt oplæg, hvor vi bl.a. tog afsæt i Teori U, med særlig vægt på begrebet precencing. Vi sagde et par ord om at indstille sig på perspektivskifte ved at "stemme instrumenterne"[7], og om at mærke forskellige former for modstand, hvilket også er nævnt tidligere. Ligeledes gjorde vi det klart, at vi primært arbejdede i den nedadgående side af U´et, og at det forventede output således ikke var en prototype. Det forventelige udbytte var i stedet at opnå nye perspektiver på samarbejdet - at fornemme fremtidige muligheder. Situationen stadig genkendelig - de var kursister, og vi var undervisere i klassisk forstand.

Vi arbejdede ud fra den formodning, at det netop var her, at det første

perspektivskifte skulle igangsættes. Vi ville gerne at procesdeltagerne fik en begyndende oplevelse af at bevæge sig fra et vanemæssigt niveau, hvor der er fokus på at downloade fortidens mønstre til i højere grad at nulstille indgroede vaner[8]. Med henblik herpå satte vi procesdeltagerne i gang med at præsentere sig selv for hinanden. Ud fra Scharmers teori kan vi erfare, at *"ved hjælp af det åbne sind – evnen til at se med friske øjne, stille spørgsmål og reflektere – kan man styre fra det første modalpunkt, fra felt 1 [downloading] til felt 2 (åbne sig og nulstille indgroede vaner)"*[9]. Da procesdeltagerne allerede havde arbejdet sammen i en periode, tilsatte vi processen artefakter, der skulle give anledning til, at de så hinanden fra nye sider. Vi bad dem gå sammen to og to, og ved inspiration fra et udleveret Go-card (Postkort med forskellige motiver), at fortælle hverandre: *Hvad er det jeg brænder for i mit arbejde?* Ved at inddrage Go-card´et kan kursisterne blive inspireret til nye perspektiver i forhold til spørgsmålet. Ydermere spores deltagerne ind på at tænke i symboler og metaforer, hvilket det senere i processen skal gøre brug af.

Åbning af sessionen

Sporet ind på et følelsesmæssigt niveau åbnede vi op for dagens tema.

For at spore os ind på, hvad der skulle være rammen for dagen, havde vi på forhånd interviewet procesdeltagerne. På baggrund af disse interviews og indsamlede informationer om gruppes arbejde, definerede vi temarammen og var procesdeltagernes udgangspunkt for at formulere deres individuelle arbejdsspørgsmål. Arbejdsspørgsmålet er det absolut centrale i processen – det, hvortil der skal bibringes nye perspektiver igennem coachingforløbet.

Udgangspunktet for vores samarbejde med procesdeltagerne og coachingforløbet var et ønske om at styrke det interne samarbejde i teamet. Inden for denne ramme valgte vi at sætte fokus på teamets funktion og opgave. Vi havde iagttaget at procesdeltagerne havde meget forskellige forestillinger om, hvad teamet egentligt skulle bruges til, ligesom der var forskellige ideer om, hvilke potentialer samarbejdet havde i sig. Procesdeltagerne havde med andre ord en klar fornemmelse af, hvem hinanden var, mens "hvem samarbejde var" stod uklart for dem.

En intention i denne fase var, at procesdeltagerne begyndte at nulstille deres opfattelse af, hvad et dagtilbudsteam er og kan være, samt at indstille sig på at se på samarbejdet med friske øjne. For at fremme dette valgte

vi bl.a. at fremhæve deres forskellige perspektiver gennem citater fra vores forberedende interviews. Citaterne synliggjorde, hvor forskellige intentioner de havde med at deltage i samarbejdet. Intentionerne spændte fra at have tryk på at være et udviklingsforum for ideer og hypoteser lederne imellem, til at være en ramme for takling af hverdagsudfordringer gennem fleksibel udnyttelse af de samlede ressourcer. Deltagerne var i denne teoretiserende og tematiserende del at processen passive og lyttende.

Med henblik på at stikke en finger i jorden og mærke, hvordan procesdeltagerne tog imod temaet, gav vi dem en blok med post-it´s. Disse fungerede som steder at gøre af dét, der fyldte eller decideret blokerede for fortsat at være med i coachingen. Der kunne stå hvad som helst på disse sedler, og de kunne tages i brug efter behov. Dermed kunne deltagerne få afløb for eventuelle frustrationer i forhold til forløbet, uden at det stoppede processen. Vi oplevede dog ikke, at det i særlig grad blev benyttet.

Målet med denne fase var, at procesdeltagerne udarbejdede deres arbejdsspørgsmål. To og to coachede de hinanden gennem et ark spørgsmål udarbejdet og udleveret af os. Spørgsmålene på arket havde til formål at spore dem ind på deres eget personlige fokus i forhold til teamet. I hele denne proces var det centralt for os, at procesdeltagerne forblev motiverede for at se på samarbejdet med friske øjne, og at spørgsmålet blev formuleret i et fremadrettet perspektiv. Inspireret af Scharmers tanker om gå *fra at se til at sanse*, var arket udarbejdet med henblik på, at procesdeltagerne blev sporet ind på at lytte empatisk, stille interesserede spørgsmål samt sætte sig i den anden persons sted[10]. Det individuelle spørgsmål, der var resultatet af denne proces kunne eksempelvis være *"Hvordan kan samarbejdet blive meningsfuldt for mig"*, *"Hvad kan jeg bidrage med til samarbejdet?"* eller *"Hvad vil jeg gerne kunne gøre som leder i kraft af samarbejdet?"*.

Broen fra hverdagen
Efter åbningen af sessionen, hvor deltagerne formulerede deres individuelle spørgsmål, forlod vi mødelokalet, da de øvrige faser af sessionen foregik i det fri. Deltagerne kom deres individuelle spørgsmål i lommen, tog overtøj på og afventede information. De fik udleveret et stykke papir og en blyant samt udstukket den retning de skulle gå. Ydermere orienteres de om, at de hver især skulle opsamle og nedskrive poetiske ord, som de "fandt" på vejen. Deltagerne fik ikke at vide, hvor langt eller præcis, hvorhen de skulle gå, blot at de ville blive stoppet, når de var ved den rette destination. Dermed blev de fritaget for selv at skulle have fokus på, om de nu gik det rigtige sted hen - i stedet kunne de have fuld fokus på opgaven omkring de poetiske ord.

Deltagerne blev ikke præsenteret for en bestemt forståelse af ordet *poetisk*, og de måtte dermed anvende egen forståelse af ordet - dog refereres der til det lyriske univers og dermed til en æstetisk udtryksform. Dette tvinger deltagerne gennem en fortolkningsproces af de indtryk, som de opsamler, da indtrykket skal forenes med egen forståelse af det poetiske. Dermed fokuseres og skærpes deltagernes sanser i øjeblikket. Øvelsen med de poetiske ord havde således til formål at flytte deltagerne fra en almen rationel tankegang til en mere sansende æstetisk tankegang, hvor også følelserne spiller en stor rolle. Dermed bevæger deltagerne sig ind i et rum for leg og æstetik, hvilket Donald W. Winnicott betegner som *det potentielle rum - the potential space*[11]. Skiftet fra de siddende aktiviteter i mødelokalet, til gåtur under åben himmel indikerer også fysisk, at deltagerne skal skifte rum. Da deltagerne ankommer til destinationen – en lille hytte i skoven – bad vi dem putte noterne med poetiske ord i lommen.

1 8

Decentrering - Den solistiske æstetiske læreproces

Uden for den lille hytte i skoven instrueres procesdeltagerne i næste del af processen. Dermed bevæger vi os via *broen fra hverdag* til *decentreringen*. I denne fase valgte vi, at der skulle arbejdes med land-art i skoven. Det var klart for os, at de skulle arbejde med et æstetisk formsprog, som kunne fastholdes men stadig var foranderlig i processen. Vi valgte at medbringe forskellige plastic- og metalgenstande, som procesdeltagerne kunne inddrage i deres værker. Når disse elementer inddrages i værkerne bliver brudfladerne mere tydelige, da det metalliske meget markant bryder med det organiske. Vi valgte ydermere land-art som formsprog, fordi det differencer sig fra deltagernes hverdag, der primært foregår indenfor. Hvis nogen var for fortrolige med det valgt formsprog, var der risiko for, at opmærksomheden blev flyttet fra processen til materialet. Hvis formsproget var for fjerne fra deltagernes kompetencer så vi en risiko for, at nogle ville have meget fokus på egne grænser og dermed ikke på selve processen. Decentreringen inddelte vi i to faser - en solistisk- og en kollektiv æstetisk læreproces[12].

"Uudnyttet kraft – Individuelt værk 1"

Introduktionen til den solistiske æstetiske læreproces var meget kort. Vi præsenterende kort begrebet land-art og de uorganiske materialer der, foruden de organiske materialer som skoven byder på, var til rådighed i forhold til skabelsen af værkerne.

Procesdeltagerne greb straks de uorganiske materialer, der tiltalte dem mest, og begav sig ind i skoven for at finde det perfekte sted for netop deres værk. Efter den afsatte tid kaldte vi igen til samling, og vi gav næste instruks. De fik udleveret et antal stykker papir

1 9

og en kuglepen, hvorefter de på ny skulle drage ind i skoven – denne gang for at give hinandens værker titel. I denne del af processen inddrages det poetiske univers og de poetiske ord, der blev indsamles på vej til den lille hytte i skoven. Når deltagerne skal give hinandens værker titel, fokuseres der igen på at tolke visuelle indtryk. Dermed oplever deltagerne en vekselvirkning mellem indtryk og udtryk, der er med til at øge fokus på æstetikkens formsprog. Efter navngivningen bedes deltagerne om at gå tilbage til eget værk. Her skal de udvælge de fem ting fra værket og bringe dem med til hytten sammen med de forskellige titler, som værket har fået af de andre procesdeltagere. Ved dette greb nedbryder de deres eget værk og en dekonstruktion er i gang.

Den kollektive æstetiske lære-proces

Næste del af processen bestod i, at procesdeltagerne af delen fra de opbrudte individuelle værker skulle skabe et fælles værk. Med andre ord skulle de nedbryde deres egne forestillinger for at skabe en fælles. På forhånd havde vi afgrænset et område, hvori værket kunne udtrykkes, da vi på denne måde kunne sikre, at de forskellige genstande, der blive inddraget i det fælles værk, ville komme i berøring med hinanden. Berøringen var vigtig, da

"Uudnyttet kraft – Individuelt værk 2"

vi ellers kunne opleve, at deltagerne igen blot skabte et individuelt værk. Deltagerne placerede på skift en genstand fra deres individuelle værk i rammen, der afgrænsede det fælles udtryk – dette skete uden at tale med hinanden. Gennem denne del af processen bidrager deltagerne med det bedste til det fælles på hver deres individuelle måde. Efter at alle havde placeret deres fem genstande, betragtede alle et kort øjeblik værket, hvorefter de modtog den næste instruks. De efterfølgende 5 minutter havde deltagerne på skift mulighed for at flytte en genstand, og dermed ændre det

2 0

fælles udtryk. I denne fase opstod der en legende stillingskrig, hvor det bliver tydeligt, at det fælles værk og dettes udtryk tænkes forskelligt hos de enkelte medlemmer af teamet. Ydermere var der enkelte, der legede med at bryde værkets grænser ved at placere genstande uden for rammen. Dermed udvides værkets ramme og mulighederne bliver flere. Denne proces indikerer symbolsk at respondenterne alle har differentierede forestilling om, hvordan deres fælles udtryk skal være.

læreproces, havde netop til formål, at visualisere disse differentierede opfattelser således, at det blev meget tydeligt for den enkelte. Ydermere kunne processen frembringe følelsen af, at andres perspektiv på "det fælles værk" kan frembringe resultater, man ikke selv ville kunne bringe, og disse resultater kan til tider tillige være bedre. Man kunne tænke om dette ikke blot kunne overleveres til respondenterne verbalt, og de dermed kunne få denne indsigt i forhold til samarbejde. I denne forbindelse spiller det æstetiske udtryk

"Uudnyttet kraft – Fælles værk"

Hvis vi kort vender blikket på den indledende researchfase, hvor vi interviewede respondenterne, så blev det netop i denne fase tydeligt, at hver enkelt leder havde hver deres forestilling om, hvad samarbejdet skulle bestå i og anvendes til. Processen, som deltagerne gennemgik i den kollektive æstetiske

ind, da netop *dette er særlig velegnet til at kommunikere til, fra og om følelser*[13], og dermed bliver kommunikationen af tesen mere nuanceret gennem det æstetiske udtryk. Gennem processen gør vi ydermere brug af en erfaringsmæssig læring[14], der yderligere kan bidrage til øget fokus på den enkeltes rolle i samarbejdet.

2 1

Den æstetiske analyse

Efter de 5 minutters non-verbale forhandling og adskillige ændringer af det fælles værk stoppede vi procesdeltagerne - de stod nu foran det endelige fælles æstetiske udtryk, og processen glider ind i næste fase.

"Uudnyttet kraft – Æstetisk analyse"

Deltagerne skulle nu hver især analysere det fælles værk ud fra nogle coachingspørgsmål, som vi havde udarbejdet. I disse spørgsmål var der dels fokus på, hvilke dele af værket, der henholdsvis tiltrækker og frastøder deltagerne som iagttager. Dels var der også fokus på den enkelte deltagers eget fysiske bidrag i forhold til helheden i det fælles værk. Hermed gøres der igen brug af den vekselvirkende effekt, der indikerer en del-helhedsrelation, hvilket symbolsk kan overføres til samarbejdsproblematikken.

Deltagerne opfordres ydermere til at benytte adjektiver i analysen, så den får en beskrivende karakter. Da procesdeltagerne var færdige med den individuelle æstetiske analyse bad vi dem sammen give værket en titel. Efter en kort drøftelse blev de enige om, at værket selvfølgelig skulle hedde: *PÅ VEJ MOD UUDNYTTET KRAFT.*

Efterfølgende skifter vi igen fysiske rammer, da vi gik fra det råkolde efterårsvejr til den lille pejseopvarmede skovhytte med æbleskiver og kaffe. Dermed indikeres der igen et skred i processen – denne gang fra det sanselige symbolske æstetiske perspektiv til den rationelle hverdag.

Broen til hverdagen

"Hvis alt det du gjorde, og alt det der skete i skabelsen af værket kunne have noget med den situation, du fortalte om i starten – hvad ville det så være?" – sådan lyder det indledende spørgsmål i denne fase af processen. Deltagerne agerer igen coach for hinanden ud fra endnu et spørgsmålsark, som vi havde udarbejdet. I denne fase opfordres deltagerne til at inddrage alt det materiale, som de havde udarbejdet gennem forløbet. Dermed inddrages det individuelle spørgsmål, som de udarbejdede i første del af processen.

2 2

Ydermere inddrages de titler, som de øvrige respondenter gav hvert enkelt værk, samt resultatet af den æstetiske analyse. Gennem denne coaching opstod der igen en vekselvirkning mellem det sanselig symbolske, indfanget gennem det fællesværk og processen, der ligger bag, og den rationelle hverdag konkretiseret i det formulerede spørgsmål. Denne vekselvirkning mener vi kan have en perspektivskiftende effekt, og respondenten kan få nye indgangsvinkler til den opstillede problemstilling.

Afsluttende i denne del fik procesdeltagerne mulighed for at udtrykke sig i forhold til udbyttet af den æstetiske analyse og processen generelt.

Procesdeltagerne sætter sig rundt om et bord. I hytten er der tændt op i pejsen, og en småsnakken spreder sig. Rundt om bordet introducerer vi kort, at det nu er tid til, at udbyttet af processen skal deles. Vi er spændte! Hvad er der kommet ud af det? Sanses fremtiden? Har det overhovedet virket? Vi bliver kun lidt klogere samme dag. Deltagerne beskriver én efter én deres udbytte. Udbyttet har for de fleste på dette tidspunkt en lidt uklar og diffus karakter. Enkelte beskriver, hvordan fokus har flyttet sig det individuelle til det fælles projekt, andre italesætter en øget opmærksomhed på, hvad det egentlig er, som den enkelte gerne vil med

samarbejdet. Alle tilkendegiver, at der er sat tanker i gang, men kommentarerne afspejler også, at udbyttet umiddelbart er svært at sætte ord på.

Da kaffen var drukket og æbleskiverne spist, blev der igen sludret om hverdagsting. Vi tog afsked med en fælles formodning om, at det vil være givtigt at fortsætte samarbejdet.

Evaluering af processen

2 måneder efter sessionen ved den lille hytte i skoven, stadig nysgerrige efter en mere konkret beskrivelse af gruppens udbytte, mødtes vi igen med dagtilbudsledere. Ved mødet fik vi, i forhold til de forskellige faser i processen, værdifulde tilkendegivelser. Ydermere bekræftes vi i, at deltagerne generelt set oplevede forløbet givende, dog var det konkrete udbytte stadig en følelse, som deltagerne havde svært ved af beskrive. Det tyder dermed på, at udbyttet af æstetiske processer, som den vi har gennemført, behøver tid for at rodfæste sig, før det lader sig beskrive. Ydermere kan den rationelle forklarende tilgang være et problematisk begreb i forhold til det æstetiske formudtryk, da man således forsøger at begribe noget rationelt, der i sit væsen netop henvender sig til mennesket på en anden måde. Ikke desto

2 3

mindre er det præcis de vilkår, vi arbejder med i dette udviklingsprojekt.

Nu er der gået næsten et år siden vi gennemførte processen, og en af dagtilbudslederne indvilligede i et interview i forbindelse med tilblivelsen af denne artikel.

Da vi spørger til effekten af processen udtaler hun: *"Jeg ved ikke, hvor jeg skal begynde, for der er sket så utrolig mange ting... I forhold til teamet er der blevet fri sat noget energi. Helt sindssygt meget for mig ... Noget fungerer på flere niveauer i sådan et team. Noget fungerer der, hvor vi er professionelle, og noget fungerer der, hvor vi er følelser. Og dernede i det følelsesmæssige blev der frigivet noget for mig den dag i skoven. Da vi gik derfra kunne jeg bare mærke, at der var noget, der eksploderede i mig, "hvad-fanden-har-vi-gang-i-agtigt" – tænkte jeg. Altså, vi er rigtigt professionelle - dét er vi rigtigt dygtige til, men vi glemte bare for mig at se, at der også var noget følelsesmæssigt i vores team, som vi slet, slet ikke fik sat ord på. Men af en eller anden grund, fordi vi fik leget og gjort nogle anderledes ting, der var lidt skørt [...] skete sådan noget som i hvert fald forløste noget for mig, og hele teamet har jo ændret sig kolossalt siden."*.

Vi spørger uddybende, hvordan dagtilbudslederteamet har ændret sig: *"Det er et helt andet team at være i. [...] det er en helt anden energi... Før havde vi siddet på pinde over for hinanden – det var blevet rigtig træls... Vi griner enormt meget sammen, krammer hinanden, rører ved hinanden, fyrer sjove ting af, som vi ikke gjorde før... Der er også meget respekt for, at vi jo ikke er ens... Den der forløsning jeg havde oppe i skoven gjorde, at jeg tænkte, så må jeg godt, så må vi gerne bringe det her op, der er svært - så gør vi det bare, for vi er i en proces ,og det bliver vi ved med at være i lang tid."* Med et smil på læben afslutter procesdeltageren denne del af interviewet med at sige: *"Det er jo ikke sådan, at vi er lykkelige fra nu af... det er der jo ikke nogen der er, vel..."*.

Efterfølgende spørger vi om, de i teamet ikke kunne være nået til dette samarbejde uden processen, hvortil procesdeltageren svarer: *"Det var et team, tror jeg, på vej i opløsning – det har det jo også været, der er jo en, der er rejst, ik´, og det er i hvert tilfælde en del af det – så der har I været fødselshjælpere til noget sundt... Havde vi ikke haft det forløb med jer, så kan jeg godt være i tvivl om, hvor lang tid det havde taget, fordi det forløste jo et eller andet der."*.

I et fremtidigt perspektiv afslutter vi interviewet med at spørge ind til, hvor i processen hun mente, at der var særlig mulighed for at udvikle processen. Hertil svarer hun: *"I skulle ind og spørge... det var jo nogle fantastiske billeder som folk de sad med.[...] Der skulle vi have hold fast, og så skulle er have været samlet op igen. Det ville have været smadder godt."*.

Set i lyset at Sharmers U-perspektiv, så peger vores procesdeltager netop på udkrystalliseringen og prototypingen i processen, som vi netop undlod at gøre til en del af processen. Dette er dog et udviklingspunkt, så vi fremadrettet vil gøre til genstandsfelt for vores udviklingsarbejde.

De erfaringer, vi har tilegnet os gennem dette udviklingsprojekt, tyder efter alt at dømme på, at kombinationen af Art Based Coaching og Teori U fungerer og kan medvirke til nye perspektiver i forhold til problemløsning – *med udviklingsprojektet bevæger vi os mod uudnyttet kraft.*

Noter

1. Projektbeskrivelse Dans med Fremtiden af Ankerstjerne, Jan; Bodil Nielsen og Ann-Merete Iversen, 2011
2. Charmer, Otto C.: Teori U - Lederskab der åbner fremtiden; s. 16, Forlaget Ankerhus og Forfatteren, 2008
3. Charmer, Otto C.: Teori U - Lederskab der åbner fremtiden; Forlaget Ankerhus og Forfatteren, 2008 s. 238
4. Knill Paolo J., Levine, Ellen G; Levine Stephen Principles and Practice of Expressive Arts Therapy – Toward a Therapeutic Aesthetics s. 95 (kap. 4) Jeccica Kingsley Publishers London and Philadelphia, 2005
5. Rothenborg, Joachim, red.: U´et som praksis – Kunst, kreativitet og sanselighed; Dansk Psykologisk Forlag, Forventes udgivet februar 2013.
6. Charmer, Otto C.: Teori U - Lederskab der åbner fremtiden; Forlaget Ankerhus og Forfatteren, 2008, s. 50-51
7. Scharmer taler om at 3 instrumenter skal stemme: åbent sind, åbent hjerte og åben vilje. Scharmer s.237
8. Charmer, Otto C.: Teori U - Lederskab der åbner fremtiden; Forlaget Ankerhus og Forfatteren, 2008, s. 238
9. Ibid.
10. Ibid.
11. Winnicott, Donald W.; Leg og Virkelighed, 2. udgave; Hans Reitzels Forlag, 2003, s. 77
12. Austring, Bennyé D. og Merete Sørensen: Æstetik og læring – Grundbog i æstetisk læreprocesser; s. 172, Hans Reitzels Forlag, 2006
. Ibid.; s. 68

Læring i bunden af U'et: Kunstbaseret læring og processer på pædagoguddannelse

Af Tatiana Chemi, ph.d., lektor i pædagogisk og organisatirisk innovation, AAU

I nærværende artikel er det mit ønske at beskrive et fortløbende udviklings- og forskningsprojekt, der foregår inden for den organisatorisk læring og kunsten som område. Formålet med det udviklingsorienterede projekt "Dans med fremtiden" var at afprøve et nyt professionelt domæne for undervisere, pædagoger og socialrådgivere, samt at tilbyde undervisere inden for uddannelsessektoren en unik mulighed for tilegnelsen af kompetencer og professionel udvikling.

I foråret 2011, indgik en gruppe undervisere fra University College Nordjylland (UCN) i projektet "Dans med fremtiden". Projektet gav dem både muligheden for tilegnelse af ny viden vedrørende en kunstbaseret coaching og U-teori, samt muligheden for anvendelse af denne viden i reelle situationer i et praktikforløb. Det førstnævnte teoretiske rammeværk baserer sig på anvendelsen af værktøjer inden for den ekspressive kunstterapi med henblik på opgaver i coaching; den sidstnævnte refererer til teorien og den sociale teknologi, som blev udtænkt af forskeren Otto Scharmer fra MIT (kunstbaseret coaching og teori U vil forkortes til ABC-U). Begge de teoretiske rammeværk trækker på den praktiske anvendelse af kunstneriske – eller kunstbaserede – værktøjer og forståelser mht. facilitering og coaching.

UCN er en uddannelsesinstitution for adskillige professioner. Studerende inden for dette område kan vælge at blive undervisere og socialrådgivere, eksempelvis som pædagog i en vuggestue eller en børnehave, og socialrådgiver ved en offentlig institution, som en ekspert i børn og voksne med specielle behov. I en tid, der bærer præg af økonomisk- og professionel krise, mærkede UCN nødvendigheden af at udvikle nye professionelle arbejdsområder for deres studerende, nye opdaterede fagområder, som kan sikre en bred vifte af jobmuligheder. En gruppe ledere inden for den pædagogiske afdeling påbegyndte således en dyb refleksion over spørgsmålet om professionsudvikling. For at muliggøre dette innovative forehavende var koordinationsgruppens første skridt, at benytte sig af skolens indre liggende ressourcer. Specifikke ressourcer blev fundet i innovationsgruppen, som inden for sociale eller organisationsmæssige kontekster, allerede arbejdede med den praktiske anvendelse af U-teorien og hvis undervisere var engagerede som udadrettede (out-reach) facilitatorer. Innovationsgruppen blev, med andre ord, hyret af eksterne kunder med henblik på at facilitere organisatoriske forandringsprocesser, hvilket var en sideløbende aktivitet, der blev tilbudt af innovationsgruppen fra UCN sideløbende med deres interne undervisningsopgaver.

I forlængelse med skoleledelsens ønske om at afprøve en innovativ tilgang til håndteringen af læringsprocesser, professionel udvikling og organisatorisk læring, mente man altså at initiativet var passende til at afprøve nye fremtidige strategier. Innovationsgruppens aktiviteter blev således struktureret og udvidet til et projekt af væsentlig karakter.

Projektet "Dans med fremtiden" blev igangsat med hjælp fra en ekstern ekspert inden for Expressive Arts og kunstbaseret coaching, og blev designet i et samarbejde mellem UCNs egen innovatør, der var ekspert i U-teorien, og den eksterne konsulent, der var ekspert i kunstbaseret coaching. De to eksperter havde til opgave at designe, koordinere og supervisere projektet, samt at undervise i brugen af de faciliterende værktøjer. Både koordinationsgruppen og dennes ledelse udtrykte et stærkt ønske om at knytte en specifik evaluering til dette eksperiment, da begge var overbeviste om at projektets resultater ville blive styrket af en sådan opfølgende undersøgelse, både på det organisatoriske- og det uddannelsesmæssige niveau.

Forskningsstudiet "I bunden af U'et" blev påbegyndt inden for disse rammer. Det retter sig mod at efterfølge og beskrive processen inden for "Dans med fremtiden" samt at rapportere resultaterne fra dette eksperimentelle initiativ. Forskningsprojektet "I bunden af U'et" er både resultatet en strategisk tænkemåde, som er basis for udviklingsprojektet, samt et fremtidigt redskab for intern evaluering. Forskningsprojektet sammenkobler på et strategisk niveau UCN med Aalborg Universitet og dets Institut for Læring og Filosofi, hvilket jeg repræsenterer. I den forhåndenværende rapport vil jeg fokusere på beskrivelsen af dette forskningsprojekt.

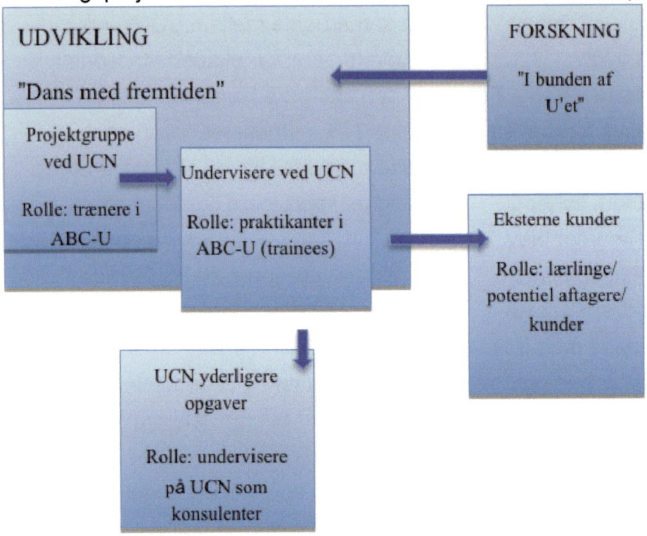

Figur 1. Relationelt netværk af involverede parter.

Ovenstående figur viser strukturen af det udviklingsmæssige projekt og dets forhold til forskningsprojektet. Målgruppen for både de udviklingsmæssige aktiviteter og forskningsobservationen, består af undervisere fra pædagoguddannelsen ved UCN. Disse undervisere påtager sig et lærende perspektiv inden for rammerne af "Dans med fremtiden" og indtager en rolle som kursister og praktikanter i deres afsluttende praktikforløbet. Projektet har en russisk-dukke-struktur (babushka-struktur):

undervisere i kunstbaseret coaching og Theory U (trænere) underviser undervisere fra UCN (trainees), som ofte øver deres praktikforløb på og med andre undervisere eller pædagoger på ægte institutioner (kunder). Som det ses i figur 1, refereres der til undervisene fra det kunstbaserede kursus, som trænere; de har instrueret og superviseret underviserne på pædagoguddannelsen, som var praktikanter i projektet. Når praktikanterne har været igennem deres praktikforløb, påtager de sig rollen som trænere eller coaches, de underviser i U-teoriens grundlæggende begreber og faciliterer processer ved hjælp af U-teorien og den kunstbaserede coaching. Deres deltagere, som kaldes kunder i modellen ovenfor, vil nedenfor blive benævnt som deltagere. Dette gøres med henblik på ikke at skabe forvirring om de tre grader af participation: trænernes deltagelse som undervisere (træningsrolle: undervisning); underviserne på pædagoguddannelses deltagelse i ABC-U-kurset som

2 8

praktikanter (træningsrolle: læring), og deltagerne i ABC-U processerne, som faciliteres af underviserne på pædagoguddannelse (praktikforløbet: som kunder). For at simplificere kortet over dette interpersonelle samarbejde, vil jeg opsummere de forskellige grupper, som projektet retter sig mod og involverer:

1. Undervisere som trænere

2. Undervisere som praktikanter

3. Kunder: pædagoger eller undervisere i det virkelige liv

4. De studerende på pædagogseminariet

5. De endelige brugere: pædagogernes kunder ude i det virkelige liv (børn i vuggestuer osv.)

De to sidstnævnte udgør de "aftagere/kunder", som projektet på længere sigt har til formål at nå ud til. UCN-ledelsens formulerede ambition er således, at projektets stimulering af den professionelle udvikling, vil få en positiv indvirkning på den pædagogiske profession som helhed. Specifikt har de involverede ledere forhåbninger om, at underviserne på pædagoguddannelses kan udvikle deres egen læringsstil, som integrerer de æstetiske læreprocesser,

med en tilhørende positive effekt på de studerende. Samtidig ønskes der at underviserne på pædagoguddannelses interventioner som forandringsagenter vil skabe en positiv indvirkning på de pædagoger, der var involverede som kunder. Desværre ligger disse områder uden for det nærværende studie, hvor observationsfokus har været orienteret mod underviserne på pædagoguddannelses erfaring og læring. Ikke desto mindre er fremtidige undersøgelser, der fokuserer specifikt på indflydelse eller indvirkning på slutbrugere (studerende, kunder), nu i færd med at blive oprettet.

Den kreative udfordring

Baggrunden for dette studie ses i den presserende situation, som uddannelsesinstitutioner for pædagoger befinder sig i: På den ene side konfronterer hele det professionelle felt sig med det moderne samfunds behov eller trang til kreativitet. På den anden side har undervisere og pædagoger det svært med den systematiske integration af kreativitet i deres professionelle rutiner eller i deres egen læring og udvikling. Kreativitet og nytænkning er fremtidens kernekompetencer, men hvordan kan pædagoger anvende kreative eller innovative løsninger i deres

2 9

hverdag? Hvordan kan pædagogernes uddannelsesinstitutioner undervise de studerende i fremtidens færdigheder, og hvordan kan disse institutioner, på kreativ vis, forestille sig nye professionelle anvendelser af deres studerendes færdigheder og kompetencer? Behovet for at være konkurrencedygtig i den nye globale økonomi placerer uddannelse i en nøgleposition i den kulturelle og politiske debat. Der er et behov for nye kvalitetsstandarder af ekspertise, men det er utilstrækkeligt at benytte sig af tidligere tiders standarder eller at presse studerende hårdere eller endog fortsat at evaluere dem ud fra avancerede instrumenter. Om muligt er det vigtigere at tænke anderledes omkring uddannelse, omkring læring og endog omkring kvalitet og ekspertise. Kravet om konkurrencedygtighed, var katalysatoren til UCNs undersøgelse af hvordan feltet kunne innoveres. Ydermere har beskæftigelseskrisen, som pædagogernes fagforening (BUPL) har pointeret siden 2010[1], skabt opmærksomhed om et særligt kreativt behov: behovet for at tænke kreativt om de professionelle anvendelser af den pædagogiske profil. Eksemplarisk i dette tilfælde er den handlen, som UCNs ledere for den pædagogiske afdeling foretog i eksperimenter med nye former, teorier og værktøjer, og i den øjeblikkelige

operative afprøvning af den professionelle anvendelighed på situationer i det virkelige liv.

Især når deres arbejde involverer børn og unge, har pædagoger en central rolle i udtænkningen af nye måder at udvikle sind og sensitivitet, kroppe og bevidsthed. Derfor bør de trænes i færdigheder vedrørende kreativ tænkning og handling, som de kan overføre til andre fagområder eller domæner.

I kraft af denne træning i den kreative- og nytænkende kunst forventes det at pædagoger på naturlig vis kan overføre deres kreative færdigheder til pædagogiske opgaver og endog til andre kontekster. I realiteten er det at være kreativ meget forskellig fra det at blive trænet til at undervise og inspirere børn til at være kreative; at blive trænet i at undervise kreativitet til børn eller inspirere børn til kreativitet, er meget forskellig fra at stå i spidsen for større kreative processer. Det samme kan siges med hensyn til pædagogernes arbejdsområde: Læren om kreativitet og innovation medfører ikke evnen til at tænke og handle kreativt. Med hensyn til at udfylde kløften, kan pædagoger vejledes med specifikke værktøjer, refleksioner og metarefleksioner. De valgte værktøjer, i projektet "Dans med fremtiden", er Expressive Arts (og dens anvendelse i

3 0

den kunstbaserede coaching) og Theory U. Jeg vil nedenfor beskrive, hvorledes disse to sammenflettes og benyttes. Formodningen er, at uddannelsen af pædagoger til at anvende- og reflektere over kreative og innovative sociale teknologier vil bedre deres disposition for nytænkning og opbygning af splinternye kompetencer brugbare i innovative opgaver. I samme omgang ved lanceringen af et sådan udviklingsprojekt, viser UCNs ledelse på den pædagogiske afdeling, en stærk vilje til at støtte de pædagogiske og professionelle initiativer til innovation. Ved at omplacere finansielle midler, arbejdstimer, koordinering og forskningsevaluering til projektet, kommunikerer UCNs ledelse klart deres værdier og prioriteter til de ansatte: Innovation og nytænkning er påskønnet, værdsat og bør fremelskes.

Forskningsdesign

Før den egentlige diskussion om den teoretiske baggrund for den forhåndenværende forskning vil jeg gerne opsætte nogle rammer for det metodologiske struktur, ved at pege på mine egne overvejelser vedrørende hypoteser, forskningsspørgsmål, empiriske dataindsamling og etiske retningslinjer.

Ud fra en teoretisk og empirisk baggrund

i mine specifikke forskningsinteresser [1], [2] designede jeg en forskningsplan, der fokuserer på den følgende hypoteser:

- Kunsten og kunstbaserede processer kan inspirere, skabe og implementere en optimal, innovativ og kreativ tilgang indenfor det pædagogiske felt

- Kunsten og kunstbaserede værktøjer kan have en kvalitativ indvirkning på læring, udvikling og dannelse knyttet til det pædagogiske felt

- Kunsten og den kunstbaseret tilgang kan integreres med optimale resultater til følge for undervisere på pædagoguddannelse og deres træningsstrategier.

Med andre ord undersøges der i projektet "I bunden af U'et", hvorvidt eller hvordan kreativitet og æstetiske læringsprocesser kan skabe og implementere forandring inden for undervisernes og pædagogernes institutioner, på individuelt, professionelt (domæne) og organisatorisk (felt) niveau. Med udgangspunkt i Csikszentmihalyi [5], var det således min intention, at kigge nærmere på 3 niveauer af organisatorisk læring: individ, felt og domæne.

Med fokus på den specifikke kvalitet ved individuel læring og udvikling, søgte

3 1

jeg således at besvare de følgende
forskningsspørgsmål:

- Hvilke specifikke kognitive
  udfordringer kan den kunstbaserede
  læring tilbyde det pædagogiske felt?

- Hvilke specifikke positive emotioner
  kan opstå i den kunstbaserede
  læring?

På felt niveau, ønskede jeg at beskrive,
hvorledes organisatoriske gatekeepers
[5] faciliterer eller modsætter sig de
nye professionelle muligheder eller
kunstbaserede tilgange, og hvordan
dette innovative initiativ kan åbne op for
fremtidige karrieremuligheder:

- Hvilke konsekvenser kan
  der observeres inden for det
  pædagogiske felt?

- Kan kunstbaserede processer
  bidrage til skabelsen af en
  innovativ- og professionel/faglig
  mulighed for UCNs undervisere på
  pædagoguddannelsen?

Slutteligt, involverede jeg mine
informanter i refleksionen over hvilke
kvalitative ændringer, der kan bidrage til
en revurdering af hele den pædagogiske
uddannelse, og over hvilke konkrete
forslag, der kan omdannes til gængse
prototyper eller arbejdsmodeller for

pædagogernes fremtidige karrierer.

- Hvilke konsekvenser kan observeres
  inden for det pædagogiske
  fagområde?

- Kan de kunstbaserede processer
  bidrage til skabelsen af en kultur af
  dyb refleksion og engagere flere i
  uddannelsen ved UCN?

Da dette er et empirisk, case-baseret
og kvalitativt studie, er den valgte
forskningsmetode etnografisk og
deltagende af natur [13], [26].

Målgruppen i det kvalitative feltarbejde er
praktikantgruppen (se figur 1.): I kraft af
en etnografisk participerende observation,
følges de således gennem deres
praktikforløb og involveres i etnografiske
interviews (individuelt og som gruppe). I
observationen prioriteres møderne under
praktikforløbet, hvor praktikanterne i par
blev bedt om at anvende principperne
fra den kunstbaserede coaching og
U-teorien. Parrene, der blev koordineret
af en organisator, blev herefter knyttet til
en tilsvarende institutionel vært, og blev
bedt om at fuldføre observationer og
interviews ude i felten, designe og føre an
i kunstbaserede interventioner.

Som en støtte til de semi-strukturerede
interviews blev praktikanterne inviteret til

at indgå i nogle fokusgruppe-interviews. Dette ud fra intentionen om at etablere et participatorisk forhold med den fortsatte videnskabelige forskning. Disse fokusgruppeinterviews tilførte studiet et oprigtigt samarbejdende- og demokratisk forum, hvor praktikanterne frit udtrykte deres erfaringer og støttede hinanden.

Slutteligt, som en del af kursets evalueringen, blev praktikanterne bedt om at komme med reaktioner på en kvalitativ selv-rapport, hvis kvalitative spørgsmål var produceret af udviklingsprojektets koordinatorer. Disse spørgsmål blev brugt i studiet med henblik på at sikre en troværdig triangulering og en reduktion af bias-effekter (forudindtagede holdninger hos praktikanterne eller forskeren).

Med hensyn til forskningsdesignet bør en afsluttende bemærkning her knyttes til de etiske principper, der har ageret som retningslinjer for undersøgelsen. Man bør altid rette en særlig opmærksomhed til dette område når forskningen involverer-eller handler om mennesker. Denne opmærksomhed fik mig til at kontakte deltagerne på forhånd. På denne måde blev de deltagende institutioner og praktikanter tilbudt muligheden for at takke ja eller afvise deres bidrag til forskningsprojektet og blev informeret om projektets formål, overordnede design, tidsrum samt forskerens forventninger

til deres rolle og bidrag til projektet. Under observationerne blev min tilstedeværelse fortløbende forklaret og gjort kontekstuel ift. deltagerne, både af praktikanterne og mig selv. Med henblik på at undgå mulige stressfaktorer og psykologisk modstand ved de faciliterede processer, understregede vi at vores observationsfokus lå på praktikanterne og ikke på kunderne.

"ABC-U" teorien

Som det blev introduceret ovenfor, er det den Expressive Arts [17], [18], [1] og Theory U [22], [23], [27], der er de overordnede teoretiske traditioner, som danner baggrund for både det udviklingsmæssige initiativ og for forskningsprojektet. Teorierne indeholder to særskilte teoretiske paradigmer inden for forskellige områder: den førstnævnte er terapeutisk og fænomenologisk, hvorimod den sidste er organisatorisk og systemisk. Ikke desto mindre lader de til at være fælles om en interesse for det æstetiske, kropslige og sansernes uudgrundelige viden, som det medieres af kunstformer og processer. I særdeleshed har anvendelsen af den ekspressive kunst i coaching, den kunstbaserede coaching og dens "decentering" stadie store ligheder med U-teoriens stadie af "sensibilisering" (sensitising). Disse

3 3

termer som nedenfor vil blive forklaret og gjort kontekstuelle, konstituerer den teoretiske kerne i det udviklingsmæssige initiativ "Dans med fremtiden".

U-teorien er en model, som begrebsliggør individuelle (individet-i-organisationer), kollektive og organisatoriske lærings-processer og hvis formål er at skabe en systemisk vision for fremtiden. Teoriens essens angår det dybe niveau af læringsfærdigheder - "presencing" - som kan opnås i en aktivering af alle kendte, ukendte, glemte eller skjulte menneskelige ressourcer. Teorien var oprindeligt udviklet af en gruppe akademikere tilknyttet MIT – Otto Scharmer, i samarbejde med Joseph Jaworski, Peter Senge og Adam Kahane [27] – og efterfølgende fuldt begrebsliggjort af Scharmer [23].

Den teoretiske baggrund er utvivlsomt forbundet med Senges systemtænkning og hans tilgang til organisatorisk læring. Hertil har næsten 10 års teoretisk afprøvning inden for organisatorisk regi medført en eksperimentel evidens, såsom erfaringen hos "Society for Organizational Learning" og en mængde interviews med verdensledere og eksperter i organisatorisk læring i projektet "Dialogue on Leadership", hvilket bidrog til en åbenlys teoretisk base i reelle udfordringer.

U-teorien kan både bruges som en teori, eksempelvis som en beskrivelse af nye ontologiske og epistemologiske perspektiver på organisationer, eller som en social teknologi, såsom et værktøj til at skabe dybere samtaler mellem individer i organisationer. Et specielt træk herved er den proaktive og samarbejdsmæssige tilgang, som adskiller den fra andre læringsmodeller ved dens non-lineære u-formede bevægelse fra viden til handling, der i høj grad er relateret til systemtænkningens principper.

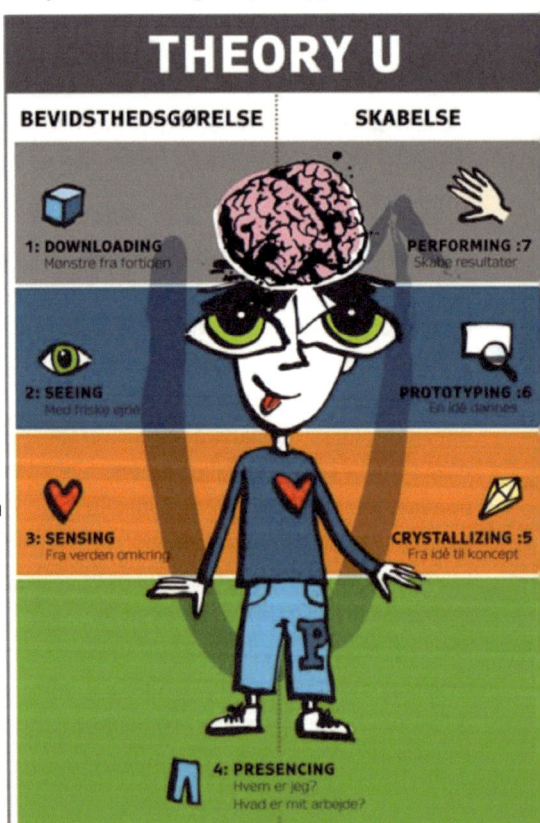

THEORY U

BEVIDSTHEDSGØRELSE   SKABELSE

1: DOWNLOADING
Mønstre fra fortiden

PERFORMING :7
Skabe resultater

2: SEEING
Med friske øjne

PROTOTYPING :6
En idé dannes

3: SENSING
Fra verden omkring

CRYSTALLIZING :5
Fra idé til koncept

4: PRESENCING
Hvem er jeg?
Hvad er mit arbejde?

Udviklet af Tatiana Chemi • Illustrator Camilla Bjerre • © Universe Research Lab

Fig. 2. U-rejsen²

3 4

Tydeligt aftegnet i den ovenstående model ses den læringsrejse, vi gennemgår eller kan forme forskelligt, når vi skal lære optimalt. Når behovet for læring opstår i organisationer, aktiverer vi, ifølge Scharmers analyse, ofte de sædvanlige kognitive processer som er baseret på tidligere viden. Vi "downloader" den sædvanlige information inden for de sædvanlige rammer og rutiner, hvorefter vi anvender denne "gamle" viden ved at handle på ukritisk vis. Denne innovationsløse proces resulterer i specifikke handlingsmønstre, der ansporer os til en "performance", som er hurtig, håndterlig og overskuelig, men samtidig bærer præg af "mere af det samme".

I dette perspektiv er det ikke altid en fordel at være ekspert, da eksperter specialiserer sig inden for ét begrænset område og derved ekskluderer nye og uvante muligheder eller løsninger. I en verden karakteriseret af hurtige forandringer og kompleksitet er kreative løsninger en nødvendighed på linje med behovet for at adaptere til en udfordrende virkelighed.

Eksperter "downloader" ofte hvad de har lært, erfaret og oplevet i fortiden og glemmer ofte at være nærværende i nuet, i deres parathed til hvad der måtte opstå. Scharmer forslår i stedet at gå

længere end den blotte "downloading" og den typiske tænkemåde og adfærd ved at engagere sig dybere i den enkelte læringsrejse.

Dette kan opnås ved aktiveringen af 3 konsekutive niveauer tænkning: 1) at se, 2) at sanse og 3) at præ-sanse (presencing).

1) "at se" vedrører niveauet, hvor individer og grupper giver slip på gamle vaner, tager en pause og prøver at se, hvad vi ser, og prøver at høre hvad vi hører med et mere åbent sind ("mindfully") [16]. Dette stadie er stadig forbundet med en traditionel kognitiv proces, dog er formålet her langsomt at styre imod en højere grad af modtagelighed over for nye indtryk.

2) "at sanse" er på det niveau, hvor individer og grupper aktiverer alternative læringskanaler via stimuleringen af æstetisk sensitivitet; kunstneriske erfaringer; spiritualitet og kontakt med naturen. At sanse, hjælper os til at åbne op for vores emotionelle intelligens og ændre på vores perceptuelle egenskaber. Dette udgør et nødvendigt skridt mod individets helhed og nærvær.

3) "At præ-sanse/Presencing" spiller rent ordmæssigt på to betydninger. Hvis det udtales som "pre'sencing", vil tilstedeværelsen og den læringsmæssige

3 5

deltagelse fremhæves; hvis udtalen lyder "prese'nsing", vil markeringen falde på det rent sansemæssige. I begge tilfælde understreges den omdannende erfaring af selvet og viljen. "Presencing" er altid individuel såvel som en kollektiv proces, da individer underviser alt imens de er i kontakt med deres personlige selv og med andre. På bunden af U-modellen oplever individer og grupper en højest indholdsmæssig samtale og en dyb relationel kontakt med hinanden. De temaer der repræsenteres på bunden af U'et er relateret til kilden for ens egen motivation, som stammer fra en refleksion over sig selv ("hvem er jeg?") og vedrører ens egen rolle i verden ("hvad er mit job?").

Denne åbenhedsorienterede proces kan ses på den venstre side af modellen, alt imens den højre side illustrerer de forskellige stadier af en viden orienteret "performance-proces". Design- og "performance-processen" af innovative løsninger er ofte baseret på nye tænkemåder eller ny viden, og kan profitere af denne åbenhed.

En "performance" kræver, ifølge U-modellen, en omvendt og tilsvarende proces lignende

modellens venstre side. Denne inddeles i: 1) krystallisering, 2) prototyper 3) "performance" eller handling.

1) Når individer eller grupper oplever en tilstand af "presencing", har de ofte at gøre med en indre motivation og klarhed i form af et paradoks: Det er simpelthen umuligt ikke at handle. Det er umuligt ikke at "krystallisere" ens tanker på mulige handlemåder.

2) Scharmer forslår en hurtig prototype af de krystalliserede handlinger.

3) Ligeledes forslår han en øjeblikkelig handlen, før den indre censur og rationalisering kastrerer hver eneste innovativ løsning eller forslag. Det er vigtigt at bibeholde den gode og innovative energi, som kan være det overordnede resultat af rejsen i U-læringen.

Fig. 3. Deltagers "kunstværk".

3 6

Hvad angår læringsrejsen gennem den kunstbaserede coaching har koordinationsgruppen af "Dans med fremtiden" valgt teori og praksis ud fra Expressive Arts therapy, som den praktiseres og begrebsliggøres af schweizeren Paolo Knill. For at illustrere hvordan den ekspressive kunstteori kan anvendes i coaching, vil jeg trække på min egen [1] og Knills [19] fortolkning.

dertil relaterede erfaringer. Han eller hun (eller dem, i tilfælde af en gruppe eller et team) søger hjælp: hans eller huns ordinære livserfaring har bevæget sig ind i en negativ spiral. Disse personer, der søger hjælp, føler sig begrænsede af en mangel på muligheder, alternativer eller løsninger og oplever et begrænset spillerum. De oplever en følelse af magtesløshed ("jeg er ikke i stand til

Livets ordinære erfaringer		Klientens liv	
Etablering af tillid	"Hallo"	Udfyldning	
Kunstoplevelse [experience]	SERV SENSITISING EKSPLORATION REPETITION VALIDERING	Decentering	
Alternativ kontekst for verden	Refleksion gennem poetiske begreber, sætninger og tænkemåder	Analyse	
Ekstraordinær erfaring af verden		Høst	

Fig. 4. Kunstbaseret model over coaching sessioner.

I coaching-situationen, træder klienten ind fra sit hverdagsliv med vedkommendes

at udføre noget"), af en mangel på ressourcer ("hvis bare jeg havde et job ville jeg ikke være så deprimeret"), af ensomhed ("ingen kan hjælpe mig") og

3 7

SERIEHÆFTE

af en separation mellem krop og sind.
Denne negativitet stemmer overens med
Scharmers definition af "den blinde vinkel"
(the blind spot), og ligesom i U-teorien
vender den ekspressive kunsts sig her
mod kropslige, æstetiske og sensitive
oplevelser for at skifte opmærksomheden
fra en hjælpeløshed og famlen i blinde til
en fordomsfri nærværelse og et relationelt
velbefindende. I praksis er vi dog alle
eksperter i at opsætte begrænsninger
for os selv! Når coaching-praktikanter
indgår i en kunstbaseret coaching-
session, vil de her gennemgå en konkret
proces, som kan beskrives ud fra faserne
i den ovenstående figur: 1. opfyldning,
2. decentering, 3. analyse, 4. høst[1].
Herefter er de ved sessionens afslutning
muligvis blevet i stand til percipere verden
anderledes, som fyldt med endeløse
og opnåelige muligheder. I stil med
U-teorien opnås dette af den ekspressive
kunst i stimuleringen af vores naturlige
tilbøjelighed mod æstetiske processer og
produkter og ved praktisk talt at engagere
coaching-praktikanter i den kunstneriske
skabelsesproces. Kunstkonsulenter eller
coaches bør tilbyde deres klienter at
indgå i aktiviteter præget af et lavt niveau
af manuelle og tekniske færdigheder, men
som samtidig bør være meningsfulde og
uden trivialitet. Den kunstneriske opgave
skal være udfordrende, men ikke truende,
ligesom i den optimale læringsoplevelse,

der ofte defineres som flow [4]. At
stimulere en oplevelse af flow i coaching-
sessionerne kan umiddelbart virke
som en terminologisk selvmodsigelse,
da coach-aktiviteterne er baseret på
"mindfulness" og opmærksomhed og
derved står i kontrast til flow-oplevelsens,
som bærer præg af en dyb nærværelse
i arbejdsopgaven og en forglemmelse
af selvet. Denne tilsyneladende
selvmodsigelse begrebsliggøres ikke
i den kunstbaserede coaching af
den simple årsag, at de to forskellige
oplevelser foregår på to forskellige
stadier: flow'et og forglemmelsen af selvet
i de decentrerende aktiviteter, og den
refleksive coaching-aktivitet under høsten.

Som det ses inden for U-teoriens
paradigme, åbner sansernes erfaring
op for en dybere (og ofte overraskende)
refleksion og samtale. Efter at have
afsluttet den kunstskabende kreative
fase træder coaching-praktikanterne ind
i den analytiske fase. En kunstnerisk
decentering finder her sted og udgør
coaching-sessionens sværeste stadie.
Decentering er en specifik term, benyttet
inden for Expressive Arts, og betegner
processen, hvori man glemmer sine
egne bekymringer og problemer, og er
fuldstændig involveret og fordybet i den
alternative kunstskabende oplevelse.
Det er en oplevelse af at være ude af

3 8

det-manglende-ressource-center, og bevæge sig uden for dette, i en opbygning af modstandsdygtighed eller robusthed (resiliens). Denne oplevelse induceres af SERV-modellen. SENSITISING: udgør stimuleringen af de forskellige sanser gennem specifikke aktiviteter. I U-teoriens termer, stemmer dette overens med "Sansnings"-stadiet. EKSPLORATION: angår åbenheden til at undersøge den materielle virkelighed i et nyt lys. REPETITION: handler om gentagelsen af den forestående opgave, som overgår følelser af kedsommelighed og modsætter sig enhver inducering af overfladiskhed. På dette stadie skal deltagerne stilles ansigt til ansigt med deres motivation og selvdisciplin og udfordres til at forblive i opgaven på trods af kedsomhed og på trods af vaner med henblik på at undgå det overfladiske. VALIDERING: er betegnende for samarbejdet i det udførte arbejde. Dette kan opnås gennem en evaluering af sessionen eller via en metaforisk aktivitet, der synliggør refleksionen.

Når SERV-stadiet er overstået, kan refleksionen begynde. Det analytiske stadie determineres gennem evalueringen af det kunstneriske produkt (eller i Knills termer: "oeuvre") og er således betegnende for den åbenlyse fænomenologiske tilgang. "At forblive

eller vedblive på overfladen" er ikke ensbetydende med at være overfladisk, men peger snarer på ikke at miste grebet om den empiriske verdens materielle sandheder, jf. den etymologiske forståelse af "sur-face"/"over-flade". Observationer guides gennem refleksioner over: Arbejdets "overflade"; Formningens "proces"; "erfaringen" af dets udførelse; "hvad udgår fra arbejdet? Hvordan det er betydningsfuldt?" [19]. Efter dette er det coachens opgave at høste så meget som muligt af indholdet fra oplevelsen af kunstskabelsen, for derefter at bygge broer af meningsforståelser og associationer mellem den kunstneriske erfaring og oplevelse og udfordringer i det virkelige liv. Dette stadie indeholder uventede synspunkter og anskueliggørelser.

Integrationen af paradigmer

Hvordan kan de ovenstående paradigmer begrebsliggøres inden for en pædagogisk forståelse og efterfølgende anvendes i kunstbaserede facilitations opgaver?

Ud fra praktikanternes holdninger, som udtrykt i interviewene og under deres praktikforløb, kunne man kigge nærmere på hvorledes de fik de to teorier til at give mening som et paradigme. I selve udbredelsen af teoretiske begreber blev praktikanterne instrueret i at forene

3 9

kunstbaseret coaching (ABC) med U-teorien (U) i en ny fælles syntese: ABC-U modellen. Dette begrebslige patchwork er blevet retfærdiggjort gennem kurset og træningen i kraft af de ovennævnte ligheder, som medfører en gensidig spejling og fuldendelse af de to teorier. Inden for terminologien knyttet til projektets deltagere, sammenblandes de terapeutiske og fænomenologiske termer og begreber i overensstemmelse med de organisatoriske og systemiske, hvor de førstnævnte benyttes i forbindelse med kunstbaseret coaching, bruges den sidste inden for dialogiske sociale teknologier, som U-teorien.

Særligt ekspert-trænerne lader til at drage paralleller mellem den venstre side af U'et og den decentrerede oplevelse. Begge læringsrejser bliver beskrevet som dialogiske, kollektive (selv i tilfælde af individuel coaching, hvor interventionen altid er relationel, involverende coach, coach-praktikant og kunstværk) og æstetisk. Ved begge medføres der radikale forandringer og dyb læring i kraft af mødet med kunsten og den kunstneriske erfaring/oplevelse.

Nok om baggrunden for forståelsen af ABC-U, for hvad skete der under praktikforløbet og efter afprøvningen af de benyttede paradigmer ude i det virkelige liv? Den sammenflettede karakter

på denne teoretiske fusion medførte visse problemer for både deltagere og praktikanter. En specifik kritik kan her kortlægges ud fra et nærmere eftersyn af de begrebslige udfordringer, som praktikanterne blev stillet over for, samt den konsulterende baggrundslitteratur. De specifikke klynger som diskuteres nedenfor er følgende: Kritiske oppositioner til U-teorien, begrebslige forvirring i forståelsen af ABC, mulig begrebslig dissonans i brobygningen af de to paradigmer.

Kritik af U-teorien

På trods af adskillige kritiske røster af Scharmers ideer fra både praktisk og forskningsmæssigt hold, forlader kritikerne sjældent det vage anekdotiske niveau og leverer ej heller en seriøst adresseret og kvalificeret kritik. Visse undtagelser kan dog overvejes ved [21] og [14]. Efter min opfattelse, er Scharmers teoretiske univers langt fra forståelig på alle punkter, og indfanger ligeledes ikke alle punkter i innovative læreprocesser. Scharmer kan muligvis være blevet influeret af sin tyske landsmand i forsøget på at opbygge en kantiansk systemstruktur med hensyn til U-modellens alsidige anvendelse. U-modellen var oprindeligt udtænkt til at synliggøre lederskabets blinde vinkel i organisatorisk læring og innovationsprocesser, som involverede viden og nyskabelse, men er siden hen blevet brugt som en hermeneutisk tryllestav i alle mulige menneskelige epistemer. Måske er det dens intuitive charme, der er årsagen til de begejstrede reaktioner, som jeg har oplevet, at U-modellen har frembragt inden for de sidste ti år som konsulent og forsker. Fra min personlige erfaring som facilitator kan jeg generelt set bevidne at de praktiserende facilitatorer kan ofte virke lidt for ukritiske i deres parathed til at tage imod U-systemet, dens teoretiske baggrund og litteratur. På den anden side er der visse forskere, der lader til at tage et klart og muligvis lidt for kritisk standpunkt, som modstandere af Scharmers fortolkninger. Hvis man skal bevæge sig ud over den gængse anekdoteform, bliver denne kritik hurtig svær at gengive grundet manglen på den seriøse og kvalificerede kritik, som man finder i litteraturen. De kritiske angreb på U'et er ofte upræcise og ilde informerede ift. en reel viden om paradigmet. Et af de kritiske punkter, der specifikt nævnes af parterne i dette studie er følgende: U-teoriens sprog; Scharmers referencer til spiritualitet; den politiske brug af mindset bag teorien og den sociale teknologi.

Sprog

Sprog: upræcist eller metaforisk?

Scharmers retoriske valg indeholder en poetisk kvalitet i brugen af metaforer, rytme, associationer, mentale billeder osv. For personer der ikke forventer denne poetiske kvalitet i et teoretisk og filosofisk værk, kan dette være en forhindring i forståelsen og værdsættelsen af det skrevne. Under min observation af en af praktikantgrupperne, oplevede jeg den skadelige virkning af en sådan misforståelse, som i de mere ekstreme tilfælde kan føre til en emotionel og psykologisk afvisning af enhver form for læring. En af deltagerne i den observerede faciliteringsgruppe blev provokeret af Scharmers retorik, og dette i en sådan grad, at hun talte om en "forstyrrelse i terminologien"[2], hvilket praktisk talt blev til en barriere imod deltagelsen i den designede proces og i en kamp imod de forslåede begreber og værktøjer. En anden deltager i den samme faciliteringsproces argumenterede imod Scharmers sprog, da han betragtede det, som værende upræcist og med manglende fokus. Særligt kunne han ikke acceptere Scharmers metafor over læringen fra fremtiden, imens fermtiden opstår [23]. Ud fra det faktum at det menneskelige sind kun kan percipere fortidige eller nutidige begivenheder og aldrig fremtidige, fremstår billedet af læring fra fremtiden som en klar metafor. Dette poetiske billede har magten til

4 1

at udbrede spændvidden på vores opmærksomhed samt forestillingsevnen af innovative scenarier, dog kun så længe dets kvalitet, som ikke-bogstaveligt sprog forstås eksplicit og accepteres. Hvis ikke, kan dette være en stor hindring for deltagelsen i den almindelige proces og i den designede fælles-kreation (co-creation), hvilket i allerhøjeste grad var tilfældet for disse deltagere. Hvad der lader til at være særligt angstprovokerende for deltagerne er ifølge praktikanterne de semantiske valg, der denoterer kognitive felter, som er for forskellige fra deltagernes egne kognitive rutiner.

Eksempelvis rapporterer en underviserpraktikant, at han er overordentlig opmærksom på at undgå ord såsom coaching og kunst, som han udskifter til henholdsvis supervision og æstetik eller installation, fordi "det skræmmer ikke mennesker".

Spiritualitet
Endnu et område er kritisk i forbindelse med U-teorien, nemlig spiritualitet. U-teoriens spirituelle dimension fremprovokerer lige så stærke reaktioner som dets metaforiske sprog. Særlig én gruppe af trainees brugte megen energi på at diskutere årsagerne til Scharmers vending. En af gruppemedlemmerne som var en stærk tilhænger af

Frankfurtskolens kritiske teori kunne ikke acceptere denne side af teorien, men følte sig dog inspireret og tiltrukket af det resterende. Hun satte selv de to teoretiske tilgange op overfor hinanden og understregede, ude af stand til at se sammenfaldet mellem de to, at det øjeblik en trend eller en bevægelse blev ukritisk, instrumentel og dogmatisk, ville den ikke kunne accepteres inden for Frankfurtskolens kritiske tilgang. Gruppens andet medlem, der havde en anden kulturel og professionel baggrund med rødder i litteraturen og litterære studier, havde en anderledes tilgang til den poetiske kvalitet i Scharmers tekster. Sagt med hans egne ord opfattede han sig selv, som "mere vant" til skrivestilen og "til at læse den slags teorier", som han endog tillod sig at udvikle en interessant hermeneutisk tilgang til: I hans opfattelse vender Scharmer tilbage til den spirituelle argumentation, da han er fascineret af de kropslige og sanselige dimensioner inden for den æstetiske proces. Uden den æstetiske viden om den kunstneriske proces, kan denne fascination føre til et transcendental ræsonnement, som en kilde til mening, selv hvor kilden til det meningsfulde er udpræget kropslig og konkret:

Jeg blev nødt til at sortere den der åndelighed fra, der ligger deri. [...]

Hvordan skulle man lige.. skulle man lige udnytte den her ånd? Og jeg havde nogle tanker omkring, jamen det har man brugt i flere tusind år på at beskrive det her nærmest, at den her kraft, der ligger i æstetikken, så jeg troede ikke, det var det, han kunne beskrive, og så bliver det jo bortforklaret med en eller anden åndelighed, og den køber jeg bare ikke rigtigt.

Intrumentel og politisk brug

Det tredje kritiske punkt ved anvendelsen af U-teorien i faciliterende processer, viste sig at være den politiske brug af teorien. En af praktikantgrupperne bragte dette emne op under deres interview og præsenterede en instrumentel mistolkning af teorien, som man kan observere i tilfælde ved besparelser af offentlig management. Der er åbenbart visse konsulenter, der i samarbejde med offentlige institutioner, opretholder denne tilgang, som er begrebsliggjort på basis af teoriens fokus på individets ansvar inden for det givne arbejdsmiljø. I modsætning til Scharmer, der er fortaler for et indre motiveret socialt ansvar, ser man alliancer af konsulenter og offentligt management, som fordrejer den demokratiske intention som et middel til at retfærdiggøre nedskæringer:

Y: Det kan sælges, fordi at altså for kommuner uden penge, kan man sige, at det er en ret billig måde at forandre noget. Altså det handler om at se på noget på en anden måde, at flytte ting inde i hovedet på os og hinanden og så kante sig ud i nogle fællesskaber, så det tænker jeg godt, det kan.

X: Ja, [...] de eneste gange jeg har mødt Scharmer, [...] det har været en sammenhæng, hvor der har været en sparerunde, og så får [medarbejderne] Scharmer som plaster på såret, fordi det foregår inde i jeres hoved, det koster ikke virksomheden noget, det koster ikke institutionen noget, det handler bare om, at [...] udnytte de ressourcer vi har på en anden måde. Jeg ved godt, at det er ikke umiddelbart det, Scharmer han har tænkt sig med det, han laver.

Dette er selvfølgelig et opfattet misbrug af teorien og en fortolkning, som er instrumentel ved politisk brug. Det indebærer ikke at teorien, i sig selv, lægger op til denne form for anvendelse. Ikke desto mindre anser jeg det som relevant at rapportere denne opfattelse, for at styrke den udøvendes bevidsthed i brugen af U-teorien.

Begrebslig forvirring om kunst-baseret coaching

Interviewene og feltobservationerne af praktikanterne afslørede et kritisk

4 3

område inden for projektet "Dans med fremtiden": Ideen om *decentering*, som det blev begrebsliggjort gennem den kunstbaserede coaching-træning. Både U-teorien og Expressive Arts benytter sig af kunsten, som et redskab til at aktivere en kreativ energi og et kreativt miljø. Men, hvorfor bør vi i det hele taget vende os mod kunsten for løse individuelle og organisatoriske problemer?

Expressive Arts fastholder at kunsten har kraften til at stimulere forestillingsevne og kreativitet, som en ud af talløse kanaler for inspiration til kreativitet, innovation og personlig udvikling. Når det er tilfældet, hvordan kan det så være, at kunsten både er et privilegeret redskab inden for den kunstbaserede coaching og inden for U-teorien? En detaljeret diskussion af dette ligger uden for den nærværende rapportens formål. Ikke desto mindre vil jeg påpege nogle overvejelser. Kunsten indeholder en specifik form for logik, som er ulig alle andres, da den er kropslig, medieret og meningsgenererende. Ved introduktionen af dette sprog i læringsprocesser, bryder man med den konventionelle tænkemåde og indstilling, og opnår en åbenhed over for nye måder at skabe mening på med æstetikkens alternative logik. Ved at handle således, åbner individer sig op for det usagte, det emotionelle, det uklare [8] og det

multidimensionelle i deres psykologiske og sociale væsen [20]. Ydermere, er det afsluttende kunstneriske produkt et materiel og håndgribeligt tegn på den kreative proces. I kraft af det æstetiske produkt kan vi når som helt referere til den kunstneriske proces, som frembragte det, selv når processen er fuldført. Det kunstneriske værk er en "materialisering af forestillingsevnen", der altid er nærværende og "tingslig" [19]. På trods af at kunsten i det ovenstående teoretiske paradigmer fermstår som blot endnu en måde at stimulere perception, emotion og kognition, er det efter min opfattelse, langt fra er en tilfældighed når begge paradigmer gør brug af den kunstneriske oplevelse.

Expressive Arts og dens anvendelse i coaching og den kunstbaserede coaching, er i høj grad afhængig af begreberne om det multimodale og *decentering*, som begge er blevet rigt diskuteret og afvist gennem praktikanternes refleksionstid.

Multimodalitet
Som multimodaliteten forstås af Knill [18], handler det om det kunstneriske valg af forskellige modaliteter, som simultant og instrumentelt bliver kultiveret i kunstterapien. Dette betyder specifikt, at en ekspressiv kunstterapeut eller coach ikke vil agere som en professionel specialiseret kunstner, der holder sig til

44

en modalitet, men i stedet som en øvet amatør eller en generalistorienteret kunstner. Modsætningsforholdet specialist/generalist løses inden for den ekspressive kunst ved at begrebsliggøre en høj grad af færdigheder versus en høj grad af sensitivitet. En kunstkonsulent eller coach er nødt til at tilbyde klienten en aktivitet, der ikke er al for manuel- og teknisk krævende. Selvom alle mennesker besidder en mere eller mindre udviklet æstetisk sensitivitet, er det ikke alle, der tager sin tid til- eller er interesserede i at styrke deres kunstneriske evner. Den kunstneriske aktivitet inden for kunstterapi og coaching bør stimulere coachens kunstneriske sensitivitet uden at generere nogen form for angst ved den praktisk kunstneriske udøvelse. På denne måde burde den kunstneriske aktivitet være tilgængelig for en emotionel relatering, dog uden at blive triviel eller meningsløs. Den kunstneriske opgave skal være udfordrende, men ikke truende. I en session, hvor musikken eksempelvis er det valgte kunstneriske medium (eller modalitet), burde coachen ikke sige til klienten, at han eller hun "bare skal lave noget musik", da dette ville være for let og en anelse fornærmende. Dog kan coach-praktikanten på den anden side ikke blive bedt om at "spille et barokt stykke musik": Dette ville blive for svært og føre til frustration og hjælpeløshed

[1]. Derfor, er den kunstbaserede coaching i stedet fortaler for fordringsløse aktiviteter med høj sensitivitet. Dog rapporterede praktikanterne en let, men gennemgående utilfredshed ved det faktum, at den praktiske side af ABC-U ikke virkede til forøge deltagernes niveau af sensitivitet. Dette betyder, at kunstelskende deltagere, som på forhånd er lette at stimulere i deres værdsættelse af kunstneriske former, har en tydelig fordel inden for kunstbaserede processer, sammenlignet med de deltagere, der ikke er velsignet med en høj kunstnerisk værdsættelse og sensitivitet. Visse praktikanter var ærgerlige over det faktum, at faciliteringsprocessen inden for ABC-U, kan ende med at splitte deltagerne i to grupper: A-deltagerne med den høje sensitivitet for kunst versus B-deltagerne uden denne udviklede sensitivitet for kunsten. Baseret på førstehåndserfaring fra faciliteringen af praktikforløbet, ender denne gruppeopdeling med at påvirke de oplevede resultater af den faciliterede proces. De deltagere, som ikke oplevede nogen læringsresultater, som en konsekvens af processen, var ifølge praktikanternes opfattelse, de selv samme som havde rapporteret et mindre engagement i den kunstneriske sensitivitet. Uheldigvis, hvilket ærgrede praktikanterne, tages der inden for

4 5

ABC-U ikke højde for at bringe deltagerne op på et lige niveau af sensitivitet. Andre praktikanter bekræfter dette kritiske punkt og stiller spørgsmålstegn ved de forudgående egenskaber og omstændigheder, der skal til for at deltage i en kunstbaseret coaching-session. Skal deltagere være ekstraordinært sensitive overfor kunst eller dybt metarefleksive for at kunne opnå resultater af faciliteringsprocessen? Hvis dette ikke er tilfældet og vi forudsætter at alle kan deltage i disse processer, uanset ens sensitivitet- og færdighedsniveau, hvordan kan en kunstbaseret coach i så fald føre deltageren til en ønskværdig "høst"? De praktikanter jeg har interviewet stiller hinanden disse spørgsmål og ønsker at have muligheden for at reflektere yderligere over disse problemer i fremtidige studiegrupper. Dog kom en praktikant med et foreløbigt svar på det ovenstående: Efter hendes mening forventes det ikke nogen forudgående omstændigheder eller egenskaber, kun ønsket og viljen til at indgå i en dialog. Denne dialog foregår mellem individer (facilitator/deltager; deltager/deltager), over organisatoriske roller (leder/ ansatte; den ansatte fra afdeling 1/den ansatte fra afdeling 2), og i relationen til det kunstneriske medie. En variation af de ovenstående bemærkninger angår i særdeleshed konceptet om en høj

versus lav grad af færdigheder. Under forberedelsen og designet til sessionen af deres praktikforløb, rapporterede praktikanterne, at de havde været meget opmærksomme på valget af modalitet, men at de efter sessionen have haft problemer med at foretage en kvalificeret beslutning om det. Skal en kunstbaseret coach vælge den modalitet, som hun føler sig mest komfortabel ved? Eller bør den faciliterende sessions overordnede tema være den bestemmende faktor? Hvis det sidste er tilfældet, hvordan skal facilitatoren så være i stand til at "forføre" deltagere ind i en glædelig og legende kunstnerisk oplevelse.

Decentering

De ovenstående spørgsmål kan relateres til undersøgelsen af begrebet om *decentering* og forblev fortløbende et fokuspunkt for praktikanterne. Centralt beliggende inden for den ekspressive kunstpraksis, fik begrebet om *decentering* genereret en passioneret debat blandt praktikanter. Som forklaret ovenfor består *decentering* i at forlade centeret af manglende ressourcer og opleve noget andet, som er relateret til kunsten og den kunstneriske oplevelse.

Nogle af praktikanterne finder det svært – og endog i visse tilfælde oprørende – at bede deres deltagere om at glemme alt om de problemer de gerne vil undersøge

4 6

for derigennem at få en kunstnerisk oplevelse. Denne radikale affejning af de nærværende problemer, bliver afvist som upassende for en facilitator, som ønsker at tage sine deltagere alvorligt. "Det er ikke etisk forsvarligt" at spørge sine deltagere om først at formulere en problemstilling, for derefter at bede dem om fuldstændigt at glemme deres indsats i foretagendet. "Jeg synes at vi svigter folk, når vi lave et afhug", "problemet med ABC er at vi smider indholdet væk når vi skal til at lave et kunstværk": Praktikanten der her taler, viser i sin forståelse af kunstskabelse en specifik fokus på impuls og nærhed i indhold/form. Hvad ABC mangler at tydeliggøre er, i hendes opfattelse, den specifikke essens af den kunstneriske produktion: det udtryksfulde og meningsfuldheden i hvilket som helst kunstværk. I dette perspektiv, som deles af andre interviewede praktikanter, er måden at udtrykke sig på det højest opnåelige og formålet ethvert kunstværker. Dette forklarer delvist sammenstødet mellem de teoretiske perspektiver. ABC-metoden stammer fra traditionen i Expressive Arts, som for det meste praktiseres inden for terapien. Selvom traditionen i Expressive Arts ligger vægt på den "ekspressive" del, indeholder terapien nødvendigvis tendens til at bringe de ubevidste op til overfladen. Efter min

mening er den kunstbaserede coaching i høj grad påvirket af kunstterapiens tradition og gentager således dens interventioner mod en ubevidst produktion af skjulte meninger og klarhed. Den kulturelle- og humanistiske tradition af kunstpraktikker og æstetiske teorier inkluderer den terapeutiske anvendelse eller funktion, men udelukker heller ikke alle de andre, såsom den ekspressive, den præsentationsorienterede, den repræsentationsorienterede, den forslagsorienterede osv. Efter min opfattelse, er dette det ideologiske sammenstød, som fik de ovennævnte praktikanter til at reagere så stærkt og afvise *decentering*, som et af elementerne inden for ABC-U.

Faktisk talt, kunne dette sammenstød have været undgået ved at benævne ideen om suspension og udøvelsen af tema-nærhed. Kreativitetsteorier forslår ofte suspensionen af kritiske domme, som et kreativitetsforøgende værktøj [28]. Scharmer forslår selv at suspendere tidligere læringsvaner for at kunne være (mere) innovativ. Under vores fokusgruppe-interview, var der rent faktisk nogle praktikanter, som nævnte en ide tæt på den tidligere beskrevne suspension: Over for deres kritiske kollegaer, argumenterede de, at facilitatoren ikke behøver at afskære den nærværende

4 7

problemstilling, men snarer at "snyde sig selv", "at snyde sit superego" for at frigøre sit kreative potentiale. I denne forbindelse, lagde praktikanterne vægt på, at det det svære kunne være at overraske sig selv i renoveringen af tidligere vaner og ved fortsætte med at bruge "meget tid inde i ens eget hoved". Afvisningen af kritiske tanker, tidligere vaner og logisk tænkning kan forberede individerne på mødet med det kunstneriske medie, og med den kunstmedierede kreative tænkning, hvilken – til en forandring – er kropslig, sansebaseret og overraskende. Ved at bytte suspensionen ud med den radikale afskæring, kan den faciliterende proces fortsætte mere gnidningsfrit i brobygningen mellem problemstillinger fra det virkelige liv og legende kunstneriske oplevelser.

Bortset fra begrebet om suspension, har udøvelsen af tema-nærhed inden for ABC, lettet praktikanternes tilgang til brobygningen mellem deltagernes reelle problemstillinger og kunstproduktion. Jeg har gennem de sidste 10 år observeret praktikerne inden for ABC. I deres design af faciliteringsprocessen, har jeg bemærket, at det første valg de foretager er hvorvidt klientens tema eller problem burde kunne ses i den kunstneriske modalitet. Forestiller man sig eksempelvis at en virksomhed, som er villig til overveje samarbejdsorienterede problemer, bliver udfordret i udførelsen af et patchwork, hvor individuelle kunstværker er nødt til at harmonisere med hinanden eller at en virksomhed, som ønsker at reflektere over fremtidige strategier, kan tilbydes at lave en notebog (scrapbook) som dokumenterer virksomhedens virkelighed fem år frem. På denne måde risikerer facilitatorer ikke at afskære den forestående problemstilling, men det kunstneriske medie vil dog konstant byde på en materiel metafor for processen. Uheldigvis blev praktikanterne i projektet "Dans med fremtiden" ikke gjort opmærksomme om denne mulighed.

På den anden side, viser lærepraktikanterne et højt niveau af opmærksomhed på de æstetiske læringsprocesser og på det pædagogiske potentiale for kunsten. Det er især dem, som underviser i en (eller flere) kunstform(er) og er vandt til at integrere kunsten i deres undervisning, som reagere stærkt på kunstpraktikken inden for ABC. De mener, at en ABC modellen kan være for rigid og ikke altid anvendelig, fx ser ABC at modvirke det eksplorative inden for kunsten.

Brobygning mellem de to paradigmer

Ambitionen inden for det pædagogiske

felt om på længere sigt at opbygge resiliens (robusthed) sammen med evner og dispositioner, lader til at være opnået i projektet "Dans med fremtiden". Her er underviserne selv studerende, som underviser hvordan de skal udfordre deres egne kreative kompetencer gennem innovativ tænkning og professionsudvikling. De underviser at sætte pris på, nære og opmuntre kunstneriske og æstetiske læringsprocesser for herigennem at dyrke helheden i pædagogikken og læringsmiljøerne. Begrebsliggjort inden for rammerne af organisatorisk læring og coaching kan disse processer rent faktisk anvendes i en bevægelse mod en positiv eller optimal forandring.

En af mine fokuspunkter i denne undersøgelse har været at beskrive praktikantens forståelse af hvordan de to begrebsmæssigt forskellige paradigmer fungerer sammen. Jeg observerede, hvordan de fremlagde det begrebslige paradigmer for deres deltagere, jeg hørte hvordan de verbaliserede udfordringerne i paradigmerne og jeg var vidne til debatten mellem dem under fokusgruppeinterviewene. Jeg lagde mærke til, at de som regel ikke skelner mellem de to paradigmer og henviser til U-teorien og ABC som indbyrdes ombyttelige. Vokabulariet fra den ene

tradition bliver konstant blandet sammen med den anden: Scharmers *presencing*, tre stemmer (den dømmende, den frygtende og den kyniske), *downloading*, krystallisering, *prototyping* eksisterer side om side med *decentering*, høst og modaliteter fra Expressive Arts.

Brobygningen mellem de sammensatte teoretiske paradigmer og tidligere kunstbaserede eller faciliterende praktikker, har medført både forvirring og styrke. Deltagerne og praktikanterne har selv bemærket denne forvirring i brugen af termer. Nogle gange med frustrerende resultater til følge såsom de deltagere, der ikke kunne falde ind i processen og som oplevede en stærk modvilje mod processen eller de praktikanter, der kritiserede ABC for sin rigide form. Dog har de to paradigmer det meste af tiden fungeret udmærket sammen og tilføjet både en teoretisk baggrund til den kunstbaserede aktivitet og en konkret metode for dannelsen af sådanne aktiviteter. Blandt de interviewede praktikanter i denne undersøgelse, var der en udbredt forklaring på forbindelsen mellem de to forskellige paradigmer. Denne var, at U-teorien står for den teoretisk troværdige baggrund og at ABC til gengæld leverer den mere hands-on-orienterede metode, der supplerer teorien. Alt imens den førstnævnte kommer med en teoretisk forklaring på den fore-stående læringsrejse, supplerer den sidstnævnte med en metode, hvorpå den kunstbaserede proces kan struktureres.

De to paradigmer lader altså til at dække forskellige områder af intervention med forskellige målgrupper: Den førstnævnte appellerer til logisk tænkende individer og kan bruges som et "salgsargument" til dem, med henblik på at involvere dem i logikfrie læringsprocesser; Den sidstnævnte taler til individer, som tænker kropsligt, sanseligt og oplevelsesmæssigt, og kan bruges til udfylde de tomme huller, der efterlades af U-teorien. Da U-teorien er produktet af en "uæstetisk" refleksion, definerer eller strukturerer den ikke nogen kunstbaseret læring. Når Scharmer taler om en suspendering af "the downloading mode" og aktivering af "the sensitising mode", inkluderer han alle mulige former for æstetiske erfaringer og oplevelser (natur, krop, sanser) inklusiv transcendentale praktikker (yoga, meditation), som ikke udelukkende er kunstneriske. Han er stort set uinteresseret i de kunstneriske processer som sådan, i hvert fald som den eneste kilde til sansning. Denne tilgang afviger fra den, som blev valgt inden for "Dans med fremtiden" hvor fokus i særdeleshed lå på de kunstneriske processer. Det er på dette punkt, hvor

ABC indtræder meningsfuldt i projektets design som en metode og forståelse af de kunstbaserede processer: Inden for den brede betegnelse af Expressive Arts begrebslige rammeværk fylder ABC, som metode, de begrebslige huller I U-rejsen. Ingen af de interviewede informanter er i tvivl om at de to paradigmer kan og bør sammenflettes for at opnå en velfungerende forandringsproces.

I forbindelse med dette, vil jeg gerne tilføje, at UCN, som støttede og hjalp med designet af udviklingsprojektet, havde en stærk intention om at lave et projekt, som kunne rumme de særlige pædagog-kompetencer og videreudvikle dem. Mit oprindelige indtryk som iagttager var at intentionen var at hjælpe de fag, der var "i fare": De kunstneriske fag som ofte er i farezonen, når det kommer til nedskæringer fx i Folkeskolen. Men UCN ledelsen bidrog til en grundlæggende afklaring: de kunstneriske og æstetiske fag er ikke i far hverken inden for pædagoguddannelsen eller –professionen, tværtimod "det kreative arbejdes fylde i de pædagogiske institutioner – især inden for det største område førskole og DUS eller SFO området" (kommunikation fra ledelsen, 11.10.2012). Med "Dans med fremtiden" ønskede ledelsen i UCN at skabe en ny og dybere opmærksomhed omkring

5 0

disse fag og pædagogiske kompetencer. På samme tid ville de gerne generere en konkret professionel udvikling for pædagogerne, hvis fundament skulle være brugen af kunstneriske eller kunstbaserede værktøjer. Sammen medførte U-teorien og ABC på den ene side de teoretiske argumenter for dette, og på den anden side metoden for at facilitere en sådan proces.

Småsten og skaller

Ligesom sten og skaller ligger spredt på stranden, hviler fundene i dette studie på en fast underlag af teoretiske refleksioner og læsning. Det kreative stadie i denne undersøgelse fik mig til samle på disse sten og skaller for derefter at arrangere dem i en kunstnerisk installation. Den følgende diskussion er en form for udstilling af dette kunstfærdige arrangement.

Ved at følge dette udviklingsprojekt er det nuværende studie blevet tilført en mængde synspunkter med hensyn til, forståelser og anvendelser af de kunstbaserede værktøjer. Som hovedfokus for den forhåndenværende undersøgelse, har praktikanterne bidraget med forskellige baggrunde, forskellige måder at overføre de nyeligt lærte paradigmer til praksis og

forskellige forståelser af kunstbaserede læringsrejser. Sidstnævnte blev i særdeleshed tydeliggjort af fokusgruppeinterviewene og af den interaktive dialog, som opstod heri. Praktikanterne lod til at befinde sig på forskellige niveauer af involvering ift. de givne værktøjer i kurset. Nogen anså værktøjerne som den manglende brik i forklaringen af en længerevarende praksis, andre var mere skeptiske over for den praktiske anvendelse af værktøjerne eller de specifikke begreber i teorierne. Ingen af dem udtrykte en blank afvisning af teorier og værktøjer eller en uvillighed til at deltage. Tværtimod var den mest synlige og rapporterede følelse nysgerrighed og interesse. Selv når mødet med nye teorier og metoder skabte frustration og kritik, følte praktikanterne sig fascineret af noget ved disse paradigmer, som de ikke helt kunne sætte ord på. En interviewet praktikant fortalte om hendes læringsrejse med varme følelser af engagement. Yderligere fortalte hun, hvorledes hendes første indtryk af glæde og spænding blev efterfulgt af en dyb følelse af frustration og nærmest oprør mod Scharmers retorik og overordnede spirituelle budskab. Men hun forklarede også, hvorledes hendes nysgerrighed ikke ville forlade hende, selv ikke i frustrationen, hvilket hjalp hende til at fortsætte gennem hele programmet.

51

Hendes historie endte lykkeligt med en succes under praktikforløbet, med en overraskende følelse af succes i præstation. Specielt da hendes "kunder" opnåede en højere grad af klarhed som en konsekvens af hendes facilitering, og da de udtrykte ønsket om at hyre hendes gruppe igen i den nærmeste fremtid.

Hvad der i den samme situation kunne bemærkes, var forpligtelsen som en motiverende faktor for praktikforløbet. Da praktikanten oplevede tvivl og mangel på motivation, rapporterede hun at årsagen til hendes fastholdelse i læringssituationen var hendes faste aftale med "kunderne": De havde reelle udfordringer og et reelt behov for hendes hjælp. Praktikforløbets forbindelse til det virkelige liv lod til at knytte praktikanten til hendes opgave på emotionel vis. Dette medførte, at hun kunne fortsætte med sin læringsrejse på en meningsfuld måde. Frustrationen blev således udskiftet med en følelse af forpligtelse og ansvarlighed, hvilket i sidste ende førte til en positiv oplevelse af det opnåede resultat, da "kunderne" reelt set blev hjulpet.

Tager man de ovenstående erfaringer som et eksempel, kan jeg påpege en "bivirkning" af udviklingsprojektet. På trods af det rapporterede hovedfokus for projektet, hvilket var den faglige og kompetencemæssige udvikling, som

beskrevet af UCNs ledelse ved adskillige formelle og uformelle møder, blev et tredje resultat af projektet tydeligt i interviews og observationer: Den personlige udvikling. Hvad der hovedsageligt blev rapporteret som værende et af de store positive resultater ved ABC-U-konceptet, var den medfølgende evne til at overvinde ens egne begrænsninger samt det iboende skift i perspektiv, som fulgte deraf. Da praktikanterne nævnte deres overskridelse af egne begrænsninger, relaterede de det både til egen personlig udvikling og til reaktionerne fra deres praktikanter i ABC-U-faciliteringen. Udviklingsprojektet blev overordnet set ikke iværksat for at bidrage til de UCN-ansattes velbefindende og personlige udvikling. Dog rapporterede eller viste adskillige praktikanter en passioneret tilknytning til deres arbejde og til de nye forhåndenværende opgaver. Oplevelsen af ABC-U-kurset benævnes somme tider, som transformerende læring [15] i kraft af al dens emotionelle styrke. En af praktikanterne rapporterede, at hun "begyndte at tænke totalt omvendt og anderledes". Da dette ikke var en af de formelle årsager til projektet, blev resultatet ikke værdsat af ledelsen i UCN. De ønskede snarer at fokusere på de faglige resultater, som var direkte forbundet med pædagogens profession. Ikke desto mindre finder jeg det relevant af bemærke denne grad af involvering, da det kan påvirke den professionelle involvering. Denne personlige udvikling som måske blev muliggjort gennem den terapeutiske eller selvanalyserende dimension i ABC-U, kan have en positive indvirkning på individers professionelle velbefindende, da den skaber en følelse af ejerskab, personlig motivation, personlig udvikling og resiliens. Som det fremstår i litteraturen over velfungerende arbejdspraktikker, er disse to dimensioner, den personlige/eksistentielle/affektive og den professionelle/rationelle/kognitive, langt fra hinandens modsætninger [6], [11]. Derfor kunne det i fremtiden være relevant at inkludere den personlige udvikling under projektets forventede resultater. Såfremt man gør dette, er det vigtigt at medtænke en eventuel personlig udvikling inden for rammer, der tillader en ikke-spirituel forståelse af U-teorien samt en ikke-terapeutisk forståelse af værktøjerne i ABC.

Som vi så ovenover, er det spirituelle vendepunkt af højeste vigtighed. Dette i sådan grad, at man både ved feltobservation og interviews fandt en klar afvisning fra visse facilitator-praktikanter og nogen af deres "kunder". Uden at have undersøgt disse fund yderligere, idet de ligger udenfor den forhåndenværende undersøgelse, vil jeg dog antage at

denne afvisning ikke stammer fra en generisk afvisning af spiritualitet eller humanistiske værdier, men snarer fra en arbitrær assimilation fra spiritualitet til religiøsitet. Hvorvidt dette retfærdiggøres gennem misforståelser eller ideologiske holdninger, kunne være et interessant emne at studere yderligere. Da det nuværende studie sigter efter at være deskriptivt, kan jeg supplere til dette fund med en beskrivelse af, hvorledes praktikanterne håndterede problemet: Nogle af dem berettede åbent om problematikken ved spiritualitet, da de forbandt det til en bredere tradition af transcendentale praktikker (meditation, "mindfulness"). Andre rapporterede at de generelt kunne håndtere deltagernes afvisninger (refererer her til alle former for emotionel modstand) med et åbent sind og en anerkendende tilgang. Alt for ofte, påpegede de, forventes det at vi, som elever, er deltagende at vi følger forandringen, at vi er "på", og alt for lidt tillades vi at forblive i gruppen eller i den fælles proces på trods af vores uoverensstemmelse. "Det er okay", sagde de til deres kritiske deltagere og fortsatte derefter med at facilitere processen, alt imens de tog sig af resten af deltagerne, der oftest var flertallet (når kritiske røster opstod i de observerede processer, udgjorde de som regel 2-3 deltagere ud af 30). I stedet for at bruge ordet spiritualitet

5 3

foretrak en af praktikanterne at tale om skift i perspektiv. Hvis man fokuserer for meget på den spirituelle dimension af U-teorien, kan dette være en forhindring i tilgangen til paradigmet, i særdeleshed på grund af den meget personlige indgang til professionel/faglig udvikling. Jeg nævnte tidligere dialektikken mellem professionelle versus personlig udvikling: Hvis disse to dimensioner skal integreres med hinanden, forslår jeg, at man dedikerer en større grad af opmærksomhed til den spirituelle side af U-teorien og dens udbredelse. Ligeså er det vigtigt at gøre opmærksom på konteksten og præsentere den terapeutiske dimension af ABC. Dette på en sådan måde, at dimensionen kan blive meningsfuld og anvendelig for praktikanterne.

Vedrørende anvendelsen, bemærkede jeg, at nogen af praktikanterne, som var meget kritisk stemte over for ABC, også havde det en smule ubehageligt ved at anvende ABC-formatet i deres praktikforløb. Disse praktikanter vil gerne have en større grad af valg og frihed på det stadie, der omhandler *sensitising*. Som figur 5 illustrerer, ABC kan erstatte U-teoriens *sensitising*-stadie og kan specificere herved adskillige delstadier for at opnå den ønskede suspension af den dømmende stemme og af forberedelsen til den *presencing* oplevelse.

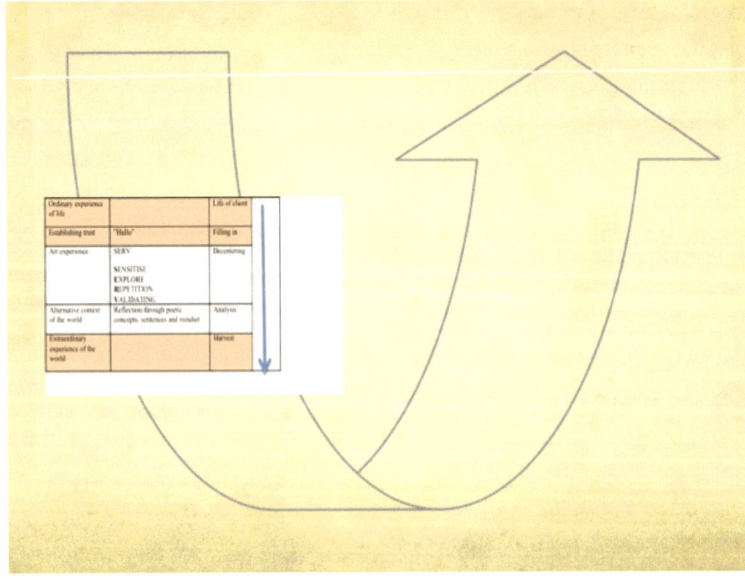

Fig. 5. Integrationen af U-teorien og den kunstbaserede coaching-sessions-model.

Eftersom den hårdeste kritik til ABC faldt på værktøjerne og strukturen i ABC, begyndte jeg at lægge mærke til hvorledes de af praktikanterne, der udtrykte deres kritiske punkter, også udtrykte to klare ønsker: At have mere frihed i valget af æstetiske processer, samt at have muligheden for at berige *sensitising*-stadiet med andre kunstbaserede værktøjer end dem, man finder i ABC. En foreløbig tolkning af det ovenstående kunne relateres til det faktum, at strukturen i ABC, der nødvendigvis er rigid ift. terapiens behov inden for Expressive Arts, har en tendens til at være for rigid i opgaver, såsom facilitering, som er forskellig fra terapi og coaching. Hvis terapi, coaching og supervision trives i meget ustrukturerede sammenhænge, så er dette ikke nødvendigvis tilfældet i faciliteringen, da bevægelsen til det kunstbaseret *sensitising*-stadie, som det formuleres i U-teorien, kræver en højere grad af fleksibilitet. Denne foreløbige tolkning bør undersøges og drøftes mere detaljeret, da dette kan medføre en bedre integration af de to paradigmer. Det kunne eksempelvis være interessant at undersøge, hvorvidt de mange stadier inden for ABC i virkeligheden fungerer mere som barrierer end til gavn. Eller hvorvidt det rapporterede behov for frihed i valget af æstetiske processer samtidig

er et behov for mere kreativitet i ABC-U et behov for at "stjæle" fra andre æstetiske traditioner og derfor et behov for at være (mere) kreativ.

Angående de æstetiske læringsprocesser eller værktøjer, har praktikanterne forskellige holdninger og niveauer af forståelse. Som nævnt ovenfor, plejer underviser-praktikanterne at udvise et højt opmærksomhedsniveau angående de æstetiske læringsprocesser og det pædagogiske potentiale for kunsten. Særligt hvad angår dem, der er eksperter inden for en (eller flere) kunstform(er) og som er involverede i undervisningsmæssigt øjemed. Disse reagerer stærkt på de kunstbaserede praktikker i ABC med en kvalificeret dømmekraft og med definitioner eller alternative kunstbaserede værktøjer. Da jeg prøvede at spørge ind til praktikanternes forståelse af æstetiske læringsprocesser, blev jeg mødt af et vagt svar: Praktikanterne lod til at være så vant til at brugen af æstetiske begreber og terminologi, at de ikke fandt det umagen værd at nævne dem. I den observerede gruppe var det kun én af dem, der definerede æstetiske læringsprocesser, på trods af at alle så ud til at have en personlig forståelse og kendskab til de specifikke kunstbaserede værktøjer. Inden for dette

5 5

område, var der en tilbagevendende diskussion, der fokuserede på begrebet om lavt færdighedsniveau/ højt sensitivitetsniveau i Expressive Arts. En af praktikanterne klagede over det faktum, at ABCs paradigma ikke er i stand til at forhøje hverken sensitivitets- eller færdighedsniveauet hos deltagerne, hvilket gør deltagelsen meget udfordrende. Efter min mening, er ABCs rammeværk afhængigt af det faktum, at det faktisk er i stand til aktivere både de lave færdigheder og den høje sensitivitet. Dette er dog også hvad der gør en optimale deltagelse udfordrende: "vi har ikke kultur for høj [kunstnerisk] sensitivitet, da vi har et lavt niveau af [kunstneriske] færdigheder". I flow-termer kan påpeges, at hvis ikke du har en kompetence eller en færdighed til at løse et udfordrende problem eller en opgave, er det meget sandsynligt, at dette kan skabe angst. Hvis man på den anden side mestrer både færdigheder og sensitivitet vil den kunstneriske opgave inden for ABC virke alt for triviel og dermed kedelig [4], [5]. Dette er en uløst modsigelse i ABC, som en dyb refleksion over æstetiske læringsprocesser kunne bidrage til at definere. Denne proces kunne give praktikanterne nogle stærke værktøjer for den teoretisk kontekst i sessioner/ lektioner med kunstbaserede facilitering, hvilket kunne hjælpe med hensyn til

at give korrekte svar på eventuelle reaktioner fra kritiske deltagere. Eksempelvis blev det observeret i en af de faciliterende processer, at en deltager udtrykte sig meget kritisk i forbindelse med de fysiske øvelse. Hendes kritik lød på at "æstetik er ikke kinestetik", og at hun derfor ikke kunne se nogen grund til at fjolle omkring på den måde, og at det som hun oplevede i kunsten, ikke ville kunne give hende nogen brugbare værktøjer til arbejdet i hverdagslivet, der består af aggressive studerende, der keder sig. Disse udtalelser der angår en større debat om æstetik versus hverdagslæring kan ikke adresseres i en ABC-session. Det er derfor at den ovennævnte praktikant understreger paradokset og kritiserer ABC-praktikken.

Hvad der angår de emotionelle og kognitive resultater i denne undersøgelse er jeg nødsaget til at nævne en tilbagevendende reference til et kognitivt skift. Dette skal forstås som den tilegnede eller implementerede evne til at ændre perspektiver samt til at udbrede sin bevidsthed og sit forståelsesfelt ved hjælp af dialog og i mødet med andre individer. Dette er delvist blevet nævnt ovenfor, som et område, der angår både praktikantens- og den deltagendes erfaring. Én specifik opfattelse, som jeg her gerne vil tilknytte, er det positive potentiale af "gensidige forstyrrelser", som kan opstå under den æstetiske læringsrejse, og som bidrager til en åbenhed over for nye indtryk.

Praktikanternes emotionelle engagement i både kurset og praktikforløbets situationer lader til at generere stærke følelser, som enten kan være positive eller negative. Dog må bemærkes at der er visse distinktioner ved den sidstnævnte. De følelser som praktikanterne nævner som reaktion på projektet, er positive (glæde, spænding, tilfredshed, stolthed). De specificerer dog også et andet positivt element ved projektet, hvilket angår negative emotioner, forstået som mangel på forståelse eller afvisning, og måden hvorpå disse kan vendes til positive oplevelser ved hjælp af nysgerrighed og villighed til at vide mere. En anden situation hvori man kan opleve negative emotioner, er "hvis [værktøjerne] ikke bliver brugt": At lære noget relevant og meningsfuldt medfører ønsket om, at det lærte vil blive brugt på en meningsfuld måde. Hvis ikke dette er tilfældet, kan praktikanten opleve en følelse af "tomhed" og tvivl. En anden situation som nævnes i relation til positive emotionelle reaktioner, angår den støtte fra ledelsen som praktikanterne klart oplever gennem ledelsens udtalelser og handlinger. Hvad angår den sidstnævnte påpegede informanterne "småting" såsom den

finansielle støtte til at dække udgifter til kaffe eller frokost, eller store bestræbelser såsom forskningspartnerskabet, der var knyttet til projektet. Dette bidrager alt sammen til en overordnet positiv modtagelse af udviklingsprojektet, til trods for den seriøse og kvalificerede kritik: De interviewede praktikanters generelle tilgang var at processen, som de havde været igennem, var relevant for deres egen læring og udvikling af kompetencer og på samme tid brugbar i professionel innovation. En af praktikanterne fastholdte, at de to teorier, særligt U-teorien, kan bidrage til en større accept af æstetiske læringsprocesser. Dette i kraft af den generelle accept af- og dermed blåstempling af teorien, hvilket kan benyttes som et godt "salgsargument" og en autoritativ reference. Sidst, men ikke mindst, anser nogen af praktikanterne de tillærte kunstbaserede værktøjer som aktive læringsredskaber, der kan inspirere deres egen undervisningsopgaver med en kreativ vinkel.

Nogen af de mest værdifulde resultater er, efter min opfattelse, de videre undersøgelser, som denne oplevelse har åbnet op for. Underviser-praktikanterne har fuldført ABC-U-kurset med adskillige spørgsmål, der kan anses som fuldt ud formulerede forskningsspørgsmål:

5 7

- Hvordan kan jeg sætte mig selv i relation til hvad jeg har lavet i mit kunstværk?

- Bliver man nødt til [som deltager] at være meget metareflekterende?

- Hvad er det, der gør folk villige til at "lege med"?

- Hvad skal vi gøre [som facilitatorer] med deltagere, som ikke følte at de fik nok ud af processen?

- Hvordan kan vi inkludere [de æstetiske læringsprocesser] i vores undervisning?

- Hvordan kan vi blive mere tydelige og synlige i vores arbejde med æstetiske læringsprocesser i undervisningen?

Heldigvis, takket være den nye struktur i projektet, vil underviser-praktikanterne få muligheden for at søge efter svarene på de ovenstående spørgsmål eller stille endnu flere spørgsmål. Dette projekt slutter faktisk med en ny start, efter ønske fra alle de involverede parter (trænere, praktikanter, aftagere/kunder, forskere, UCNs ledelse), og dertil med en endnu mere demokratisk og samarbejdsvillig struktur, hvor "action research" vil involveres som metode.

"They come to us alone and leave in pears"

Under en af de faciliterede og kunstbaserede processer, som blev observeret i dette studie, kom en af deltagerne til at skabe en visuel og verbal metafor: En elektrisk pære som blev transformeret i en frugt og et ordspil. På dansk refererer ordene (EL)pære og (FRUGT)pære til det samme indhold (pære), hvis udtale minder om det engelske ord "pair" (par).

Den visuelle metafor forvandlede sig til et u-oversætteligt ordspil, der kun kan nydes af engelsk-dansk talende personer: *De kommer til os alene og forlader os i par/they come to us alone and leave us in pears.* "They" refererer til de studerende og elpære-tegningen illustrerer kreativitetens styrke og nye ideer, men også den organiske og naturlige essens af læring. Den deltager, som fremmanede dette billede og ordspil var på forhånd et kreativt individ: Uddannet og oplært på en stor dansk designskole, underviser han også i design og tænker kreativt. For ham føltes ABC-U processen naturlig. Hans deltagelse var åben, legende, fordomsfri og rig på ideer. Hans sætning blev, for mig som forsker, et symbol på en forandringsproces, der har de kunstbaserede oplevelser som fundament, på en struktureret

5 8

og faciliteret refleksion, på en åben deltagende attitude.

Som opsummering på resultaterne af dette studie, sammen med forskningsspørgsmålene, der foranledigede dette studie, kan jeg sige at fokus på underviserne i pædagogik (praktikanterne) viste følgende:

Individ niveau
Hvilke specifikke kognitive udfordringer kan den kunstbaserede læring tilbyde inden for det pædagogiske felt?

- Et højt bevidsthedsniveau inden for kunstneriske og æstetiske læringsprocesser

- En begrebsmæssig forvirring af to forskellige paradigmer

- Formuleringer af kvalificerede spørgsmål og dyberegående undersøgelse

- Kognitive- og perspektiviske skift (nytænkning)

- En udvidet forståelse opnået gennem dialog og i mødet med andre individer

- Kognitive udfordringer til hinanden: positiv forstyrrelse

Hvilke specifikke, positive emotioner

opstod i den kunstbaserede læring?

- Rapporteret følelse af nysgerrighed og interesse

- Succesfulde øvelser som kunstbaserede facilitatorer eller forandringsagenter

- Stærke følelser, positive såvel som negative

- En følelse af dyb concentration (flow

- Muligheden for at vende negative oplevelser til positive læring og personlig udvikling

Felt niveau
Hvilke konsekvenser kan der observeres inden for det pædagogiske felt?

- Støtte fra ledelsen (UCN pædagogisk afdeling)

- Et forskningsorienteret partnerskab, tolket som et tegn på stor støtte fra ledelsen

Kan de kunstbaserede processer bidrage til at skabe en innovativ og professionel mulighed for de pædagogiske undervisere ved UCN?

- Rapporteret overbevisning om paradigmernes udadrettede potentiale (out-reach)

59

- "Blåstemplingen" af U-teorien med henblik på at sælge æstetiske læringsprocesser

Domæne niveau
(Det ovenstående forskningsspørgsmål er ikke blevet gennemgået i det nuværende studie, da det viste sig at være for omfangsrigt givet studiets rammer. Det er min forhåbning, at praktikanternes arbejde kan observeres og beskrives i fremtiden, specielt hvad gælder deres undervisningsmæssige opgave).

Kan de kunstbaserede processer bidrage til skabelsen af en kultur med dyb tænkning og engagerende undervisning på UCN?

- Rapporteret inspiration i det undervisningsmæssige arbejde

- Rapporteret behov for mere refleksion over praktikanternes uddannelsesmæssige opgaver

Udover de ovenstående resultater, kan jeg påpege hvad der fungerede og hvad der fungerede knap så godt:

Hvad der fungerede

- Ledelsens støtte som en motiverende faktor samt virkeligt oplevede ansvarsopgaver i læringsorienterede situationer

Hvad der fungerede knap så godt eller mangler at blive implementeret

Kritik rettet mod U-teorien i de følgende områder:

- Sprog
- Spiritualitet
- Politisk brug af teori

Kritik rettet mod ABC, fokuseret på de følgende nøglebegreber:

- *Decentering*
- Multimodalitet
- Et stærkt ønske om anvendelse af tidligere viden til de nyligt lærte teorier
- Et stærkt ønske om at implementere den refleksive del af pedagogernes profession

Resultaterne fra dette initiativ forventes derfor at være lovende inden for adskillige felter og domæner både det pædagogiske og det organisatoriske.

6 0

Fig. 6. Deltagere i færd med at "lave kunst" (land-art installation eller "skrot i skoven")

Anbefalinger

Baseret på den forhåndenværende undersøgelse og dens resultater, vil jeg gerne formulere de følgende anbefalinger:

- At betragte og implementere de elementer, der fungerede optimalt, er den første sundfornuftige anbefaling med en specifik opmærksomhed på den systematiske implementering af

  - Støtte fra ledelse samt dens klare kommunikation gennem projektet

- Praktikforløb baseret på forpligtelser og opgaver fra det virkelige liv (med "rigtige" kunder)

- Adressering af ønskerne og behovene, som de blev udtrykt af praktikanterne og deltagerne, specifikt ved implementeringen af

  - Mere refleksion inden for praktikanternes undervisningsopgaver

6 1

- Anvendelse af tidligere viden i de nye teorier

- Den refleksive del af det pædagogiske eller den pædagogiske profession som underviser

- Adressering af forskningsspørgsmål inspireret af den undervisnings- mæssige oplevelse, specifikt med hensyn til følgende:

  - Hvordan kan jeg sætte mig selv i relation til hvad jeg har lavet i mit kunstværk?

  - Bliver man nødt til [som deltager] at være meget metareflekterende?

  - Hvad er det, der gør folk villige til at lege med?

  - Hvad skal vi gøre [som facilitatorer] med deltagere, som ikke følte at de fik nok ud af processen?

  - Hvordan kan vi inkludere [de æstetiske læringsprocesser] i vores undervisning?

  - Hvordan kan vi blive mere tydelige og synlige i vores arbejde med æstetiske

læringsprocesser i undervisningen?

- Implementering af måder hvori- gennem undervisere kan integrere de lærte værktøjer og perspektiver i deres underviservirksomhed

- Den opfølgende forskning, som både dokumentation og motiverende element

- Forståelsen af de forskellige teorier bør der reflekteres over og de bør verbaliseres af både trænere og praktikanter

- Retorisk udfordrende eller seman- tiske formuleringer inden for de teoretiske rammeværk, bør der reflekteres over og italesættes før situationen i praktikforløbet

- Det personlige udviklingsmål, kan have en positiv effekt på individers professionelle/faglige velbefindende i kraft af deres følelse af ejerskab, personlig motivation, personlig udvikling og modstandsdygtighed. Derfor vil jeg anbefale, at man for fremtiden inkluderer det personlige udviklingsaspekt i projektets forventede resultater

- Såfremt personlig udvikling inkluderes i projektets mål, er det vigtigt at pleje det inden for rammer, der tillader en non-spirituel forståelse af U-teorien og en non-terapeutisk forståelse af værktøjerne i ABC.

- Det kunne være interessant at undersøger følgende:

  o Er stadierne inden for ABC snarer barrierer end hjælp til facilitering?

  o Kan det rapporterede behov for mere frihed i valget af æstetiske processer, også være lig et ønske om mere kreativitet i ABC-U, et ønske der betegner behovet for at "stjæle" fra andre æstetiske traditioner og dermed et behov for at være (mere) kreativ?

Noter

1. se www.bupl.dk/bupl_hovedstaden/lokale_ nyheder/ledigheden_eksploderer_blandt_ unge_paedagoger?opendocument.
2. Denne illustration fremstår oprindeligt på www.blivklog.dk/page13070.aspx. Scharmers model kan downloades på www.ottoscharmer.com.
3. Alle de benyttede definitioner udgår fra Expressive Arts teori.
4. Urefererede citater, som i dette tilfælde, er taget fra interviews eller fra feltobser- vationer.

Litteraturliste

1. Chemi, T.: Artbased Approaches: A Practical Notebook to Creativity at Work. FokusForlag (2006)
2. Chemi, T.: Once Upon a Time, in the Enchanted Kingdom of Denmark: A Fairy Tale on the Meeting Between the Arts and Organisations. European Conference for Creativity and Innovation. Copenhagen (2007)
3. Chemi, T.: At the Bottom of the U: Arts- based Leadership of Creative Learning Processes in Educators and Social Workers' Training. In: Brooks, A. L. (ed.) ArtsIT 2011, LNICST 101, pp. 18--28. Institute for Computer Sciences, Social Informatics and Telecommunications Engineering, Springer (2012)
4. Csikszentmihalyi, M.: Flow: The Psychology of the Optimal Experience. HarperCollins, New York (1990)
5. Csikszentmihalyi, M.: Creativity: Flow and the Psychology of Discovery and Invention. HarperCollins, London (1996)
6. Csikszentmihalyi, M.: Good business: Leadership, Flow, and the Making of Meaning. Penguin (2003).
7. Dialogue on Leadership, http://www. presencing.com/presencing/dol
8. Eisner, E. W.: The Arts and the Creation of Mind. Yale University Press, New Haver & London (2002)
9. Gardner, H.: Frames of Mind: The Theory of Multiple Intelligences. HarperCollins, London (1994)
10. Goleman, D.: Emotional Intelligence: Why It Can Matter More Than IQ. Bantam Books (1996)
11. Goleman, D.: Working with Emotional Intelligence. Bantam Books (1998)
12. Gunnlaugson, O.: A Complexity Perspective

on Presencing. In: Complicity: An International Journal of Complexity and Education, vol. 8(21), pp. 1--18. (2011)

13. Heron, J., Reason, P.: The Practice of Co-operative Inquiry: Research 'with' rather that 'on' people. In: Reason, P., Bradbury, H. (eds.) Handbook of Action Research: Participative Inquiry and Practice, pp. 179--188. SAGE, London (2001)

14. Hughes, S.: Leadership, management and sculpture: how arts based activities can transform learning and deepen understanding. In: Reflective Practice, vol. 10(1), pp. 77--90. (2009)

15. Illeris, K.: Contemporary Theories of Learning: Learning theorists ... in their own words. Routledge, London (2009)

16. Kabat-Zinn, J.: Wherever You Are There You Are: Mindfulness Meditation in Everyday Life. Hyperion (2005)

17. Knill, P.: The Essence in a Therapeutic Process: An Alternative Experience of Wording? In: Poiesis. A Journal of the Arts and Communication, vol. 2, pp. 6--14. EGS Press, Toronto (2000)

18. Knill, P., Levine, E. G., Levine, S. K.: Principles and Practice of Expressive Arts Therapy: Toward a Therapeutic Aesthetics. Jessica Kingsley Publisher, London and Philadelphia (2005)

19. Reams, J.: Illuminating the Blind Spot: An Overview and Response to Theory U. In: Integral Review, vol. 5, pp. 240--259. (2007)

20. Knill, P., Nienhaus Barba, H., Fuchs, M. N.: Ministrels of Soul. Intermodal Expressive Therapy. EGS Press, Toronto (1995)

21. Perkins, D. N.: The Intelligent Eye: Learning to Think by Looking at Art. Paul Getty Trust, Los Angeles (1994)

22. Scharmer, O.: Presencing: Learning from the Future as it Emerges. On the Tacit Dimension of Leading Revolutionary Change. School of Economics, Helsinki (2000)

23. Scharmer, O.: Theory U: Leading from the Future as it Emerges. SOL, Cambridge, Massachusetts (2007)

24. Senge, P.: The Fifth Discipline: The Art & Practice of the Learning Organization. Doubleday, New York (2006)

25. Senge, P. M. et alii: The Fifth Discipline Fieldbook. Nicholas Brealey, London (1996)

26. Senge, P., Scharmer, O.: Community Action Research: Learning as a Community of Practitioners, Consultants and Researchers. In: Reason, P., Bradbury, H. (eds.) Handbook of Action Research: Participative Inquiry and Practice, pp. 238--249. SAGE, London (2001)

27. Senge, P., Scharmer, O. C., Jaworski, J., Flowers, B. S.: Presence: Exploring Profound Change in People, Organizations and Society. Nicholas Brealey, London (2007)

28. Starko, A. J.: Creativity in the Classroom. Lawrence Erlbaum Associates, London (2005)

Stjernestunder og metamorfosens dilemma i æstetiske læreprocesser

Tre dilemmaer i arbejdet med Art Based Coaching.

Af David Hundebøll, lektor UCN og Frank Storgaard, lektor UCN

Denne artikel tager udgangspunkt til et Art Base Coaching projekt, som blev afprøvet i en daginstitution i Nordjylland. UCN fik kontakt til en nystartet børnehave med 10 ansatte og ca. 75 børn. Daginstitutionens fokusområder er Idræt og Natur. Institutionen har arbejdet et godt stykke tid med at udvikle deres profil som idrætsbørnehave. Nu er turen kommet til at fokusere på institutionens naturprofil.

Ved samtaler med ledelsen og det pædagogiske personale blev det tydeligt, at personalet ikke havde en fælles forståelse af begrebet natur. Der var fx vidt forskellige tolkninger og opfattelser af, hvordan natur skal omsættes til dagligdag for børnene i institutionen. Der var ikke en fælles bevidstgjort viden eller indsigt i, hvad der skulle vægtes eller arbejdes med i den nye tematik omkring natur.

Erfaringerne fra projektet viser, at der eksisterer tre væsentlige problemstillinger i Art Based Coaching:

1. Bevidstgørelsen af det ikke-bevidste

2. Deltagernes evne til at analysere symboler i den æstetiske produktion

3. Facilitators rolle i høsten af den æstetiske produktion.

Bevidstgørelsen af det ikke-bevidste.

Første problemstilling er transformationen mellem det ikke-bevidste og bevidstgørelsen af samme. Antagelsen er, at den æstetiske proces, bevidstgørelsen af det ikke-bevidste, kan gøres fælles for deltagergruppen og derved danne grundlag for videreudvikling af gruppens arbejde. Med andre ord, hvordan kan den æstetiske proces hjælpe deltagerne til at opnå nye erkendelser i forhold til det formulerede ønske. Hvordan kan

6 6

den kunstbaserede metamorfose finde sted? I dette tilfælde: Hvordan kan medarbejderne inddrage naturen mere i det pædagogiske arbejde?

Scharmers Teori U blev brugt som fundament for styringen af processen i forløbet med institutionen. U'et er styrende for selve processen både i forhold til planlægning af de enkelte faser, men også som introduktion til deltagergruppen. Ved at bruge U'et præsenteres deltagerne for en arbejdsproces, hvor man arbejder sig ned i bunden og op gennem U'et for derved at opnå nye erkendelser i forhold til de spørgsmål, man ønsker svar på. Eller det område, man ønsker at udvikle. Daginstitutionen ønskede større bevidsthed om at udvikle en praksis med pædagogisk kvalitet for den enkelte medarbejder i relation til arbejdet med natur som fokusområdet i institutionen. Medarbejderne i institutionen er vant til at arbejde med natur i det pædagogiske arbejde, så det var ikke et nyt område for dem. De arbejder med naturen bredt, fx sansning af natur, kroppen i naturen, naturoplevelser i nærmiljøet samt med aktiviteter, hvor fokus er på viden og forståelse af natur og naturfænomener.

For at undgå almindelig downloadning, altså at medarbejderne gør som de plejer og tyer til kendte rutiner og aktiviteter, og

dermed ikke får øget fokus på nye måder at arbejde med naturen på, guider U'et medarbejderne gennem en skabende og forandrende proces, hvor man forlader det forudsigelige og rutineprægede for i stedet at finde engagement og fornyet interesse for emnet. Det fordrer, at medarbejderne indgår i en åben og anerkende undersøgelse sammen, hvor der lyttes til hinanden med åbent sind og åbent hjerte, og hvor der ikke lyttes projektivt, kun for at høre det, der bekræfter ens egen opfattelse.

Daginstitutionen fik tilbudt tre dage med workshops, hvor der blev præsenteret en række sociale teknologier; kreative teknikker og æstetiske arbejdsmetoder. Deltagerne lavede bl.a. kropslige øvelser, skrev haikudigte og gennemgik en ABC-session, med det formål at afprøve forskellige metoder, der kunne nå deltagernes ikke-bevidste niveauer. De sociale teknologier gennemgik alle en tredelt struktur:

1. At iagttage verdenen med åbent sind for derved at udfordre antagelsen, om hvordan verdenen er skruet sammen

2. At trække sig tilbage og lade den indre forståelse spire frem.

3. At omsætte indsigter til handlinger, som er reelt nyskabende.

6 7

SERIEHÆFTE

Det blev en interessant rejse, der bød på overraskelser og nye erkendelser. I ABC-sessionen skulle deltagerne bygge skulpturer med naturmaterialer. Bagefter fulgte en æstetisk analyse af de fremkomne værker.

Udfordringen i øvelsen er, hvordan man formulerer spørgsmål til det æstetiske analysearbejde, hvor spørgsmålene har en sådan karakter, kvalitet og styrke, der gør, at man får skærpet opmærksomheden på det, der er vigtigst og mest nødvendigt i forhold til institutionens udfordringer, via værket. Spændingsfeltet ligger mellem at stille spørgsmål til værket, som det ser ud og ved hjælp af spørgsmålstyper kunne transformere deltagernes ikke-bevidste viden frem for derved at kunne høste bevidstgørelsen af det ikke-bevidste. Det er her metamorfosen finder sted.

At formulere spørgsmål til æstetisk analyse er et håndværk, der kan og skal trænes. Der er generelle spørgsmål, man kan stille til værket, men der er også spørgsmål, der afhænger af hvilken modalitet, der er valgt. Der er fx stor forskel på, om man arbejder med maleri, landart eller arbejder skulpturelt. Det er væsentligt, at spørgsmålene formuleres og stilles, så de åbner værkerne på en måde, der give flest svar til deltagerne. Det er her den kunstneriske metamorfose opstår. Materialer og teknikker kan give mulighed for spørgsmål af en særlig karakter. Spørgsmål til værket og efterfølgende analyse, kræver derfor en vis faglig viden inden for forskellige formsprog og i særdeleshed indenfor den valgte modalitet. Analysespørgsmål til billedsproglige værker kan fx knytte sig til komposition, perspektiv, farver, kontraster og motivvalg. Det betyder, at den, der

Sidste hånd bliver lagt på værket.

6 8

udfærdiger spørgsmålene, må formulere dem med en kvalitet, der kan åbne værket og gøre metamorfosen mulig.

Da valget af modalitet og facilitators faglighed har betydning for ABC-sessionens udfald, er det relevant at diskutere, hvilken faglighed der er nødvendig for at kunne facilitere en ABC-session samt, hvilke spørgsmålstyper, der er relevante og nødvendige i den æstetiske analyse. Dette felt mangler endnu at blive udforsket, debatteret og videreudviklet for at give kvalificerede bud på, hvordan den æstetiske analyse kan udformes.

Deltagernes evne til at analysere symboler i den æstetiske produktion.

Erfaringerne fra projektet i daginstitutionen viser, at deltagerne har vanskeligt ved at fortolke symboler og betydninger, i forhold til det valgte fokus i den æstetiske produktion. Deltagerne var usikre og uøvede i at tolke og afkode deres værker. Det er vanskeligt for den uøvede at gå fra den æstetiske analyse og til at give svar på det stillede spørgsmål. Denne øvelse kræver facilitators bredde, viden og tidligere erfaringer med fortolkninger af æstetiske udtryk og ikke mindst erfaringer med ABC-forløb.

Det kan være vanskeligt for nogle at skulle beskrive og sætte ord på følelser og tanker, særligt i større grupper og over for kollegaer. I det æstetiske analysearbejde, hvor der via transformationen skal høstes, skal deltagerne blotte sig overfor hinanden samtidig med, at de skal sætte ord på tanker, som de måske ikke har sat ord på tidligere. Det kan virke skræmmende for mange. For at få deltagerne til at åbne op for det ikke-bevidste, for ord og tanker om værket i relation til spørgsmålet, er det derfor vigtigt med ro og tillid til hinanden. Der skal skabes en stemning, hvor det er legalt at fortælle om sine følelser og fortolkninger, uden at man føler sig dum eller udsat. Samtidig skal der være plads til alle betydninger og fortolkninger.

En deltager fortalte eksempelvis om måner, stjerner og himmelhvælvinger i sin analyse. Det var tydeligt, at det var betydningsfuldt for vedkommende. Den netop gennemførte session havde givet personen en god høst. Ved hjælp af spørgsmål blev deltageren guidet til at sammenstille værk med det overordnede spørgsmål. Fx: "Hvad kan sol, måne og stjerner repræsentere det, du gerne vil have svar på?" De øvrige deltagere var med i denne fase og stillede også spørgsmål. Nogle kom også med bud på, hvilken repræsentation, der kunne

6 9

være tale om. Fortolkningen blev: at finde stjernestunder i det pædagogiske arbejde med natur. Den pågældende medarbejder blev via de øvrige deltagere og facilitator hjulpet frem til, at hendes analyse kunne symbolisere de pædagogiske stjernestunder, som hun kunne ønske sig i naturarbejdet fremover.

Denne iagttagelse af deltagerens fortolkning kan dermed danne grundlag for en ny udvikling og didaktik i medarbejdergruppen omkring arbejdet med, hvordan naturbegrebet skal implementeres i det pædagogiske arbejde

Grundlæggende er opgaven, at få de mange fortolkninger sat i relation til den overordnede opgave og det overordnede spørgsmål, som alle deltagere i udgangspunktet er optaget af. Det er derfor vigtigt, at alle fortolkninger får betydning, således at de kan bidrage til en fælles vej mod det mål, man har sat som gruppe. Det vanskelig i denne coachingproces er at sikre, at den pågældende deltager bevarer sit ejerskab til sit værk, sin høst og dermed også de svar, som danner grundlag for det videre arbejde med fx natur som tema i institutionen.

Facilitators rolle i høsten af den æstetiske produktion.

Det kræver et stærkt og medlevende engagement fra facilitators side at guide processen, men samtidig kræver det også, at facilitator kan få deltagerne med på rejsen ned gennem U'et, så de oplever, at de selv er aktive i processen. Dette fordrer en iagttagelse af en selv i anden orden som facilitator. Der er en grundlæggende udfordring i balancen mellem deltagernes egne fortolkninger og facilitatorens tolkninger. Den æstetiske produktions analyse og fortolkning har til formål at bibringe deltagerne nye svar på de spørgsmål, som de ønsker at få belyst.

At være i bundet af U'et er et perspektivskifte, hvor deltagerne oplever at være i kontakt med sit selv, og derved oplever et autentisk ejerskab til proces og værk. Det, at deltagerne giver slip på de forudindtagede holdninger til sagen og får fornemmelsen af et skabende nærvær og et nyt mentalt landskab, betyder, at de skal opleve, at de fortolkninger og svar, de fremkommer med, skal opfattes som egne svar, der er blevet til, i en guidet proces. Facilitator må undgå at komme med for mange input eller på anden måde overtager den æstetiske metamorfose, som kan give de gyldne svar. Facilitators rolle i forløbet må konstant overvejes og justeres i forhold

7 0

til deltagernes udsagn. Erfaringerne fra projektet i daginstitutionen viser, at den balancegang er vanskelig i praksis, og derfor kræver en stor bevidsthed, om hvordan processen forløber, og hvilke kvalificerede spørgsmål, der bør stilles for at guide deltagerne bedst muligt.

alle i organisationen fremadrettet vil arbejde efter. Det er yderligere en kreativ og improviserende proces, hvor man følger både perspektiv og initiativ hos den eller dem, man interagerer med omkring skabelse af fremtiden. Det er ikke kun som i dialogen en sammensmeltning af forståelseshorisonter, men der opstår noget helt nyt i den interaktive proces mellem deltagerne, og i udviklingen af det nye er man ofte nødt til at give slip på kontrol. Det kræver et godt arbejdsklima, evne til at lytte til hinanden og ikke mindst evne og viljen til at gennemføre de ønsker eller løsninger,

Tanker bliver omsat til Haikudigte.

Når høsten og svarene lykkes, opstår spørgsmålet, om hvordan arbejdet gennem U´et udkrystalliserer sig. Hvordan forandrer den pædagogiske praksis sig? Bevægelsen i øvelsen kommer til at gå fra det ikke-bevidste over til det bevidstgjorte hos det enkelte individ og herfra igen til en kollektiv opgave, en fælles bevidsthed eller en form for en organisatorisk læring, som har mange elementer, og derfor må betegnes som en vanskelig transformation. Det vanskelige kan ligge i at transformere noget meget personligt til mere almengyldigt. Noget fælles, som

man er nået frem til. Det kunne være interessant at diskutere, hvordan denne form for organisatorisk læring udvikler sig, hvilke rammer der skal sættes og ikke mindst, hvordan en ledelse efterfølgende i dagligdagen kan sikre arbejdet med resultaterne af de æstetiske produktioner og brugen af ABC processen i nye pædagogiske tiltag hos medarbejdere og ledelse i praksis.

7 1

Kunsten at genopfinde sig selv

- rapport fra et opblomstrende væksthus i forandringens tidsalder

Af Ida Krøgholt, ph.d., lektor ved Institut for Æstetik og Kommunikation, Dramaturgi, Aarhus Universitet.

Kunst og strategisk organisationstænkning går hånd i hånd i Ålborg, hvor professionshøjskolen og eksperter fra kunst- og universitetsverdenen er gået sammen i et udviklingsprojekt – Dans med Fremtiden - der kvalificerer professionshøjskolens lærere som 'art based coaches'. Den scene, lærerne træner deres nye færdigheder på, er institutioner ude i lokalområdet. Coachene drager ud i rollen som supervisers, og ved hjælp af kreative greb fra den kunstpædagogiske og –terapeutiske verden, guider de deltagerne frem til løsninger på nogle af institutionens hverdagslige problemer og vinder selv ny indsigt om forandringsprocesser. Men hvad er en eventuel pris for projektets grundpræmis: at smelte metoder fra kunst, psykologi og erhvervsliv sammen?

Dans med Fremtiden ser ikke kunst og erhvervsliv som uforenelige størrelser. Med kombinationen af metoden Art Based Coaching (ABC) og Scharmers Teori-U (Scharmer 2009) gør projektet op med myten om, at kunstnerisk arbejde udelukkende er baseret på kunstneres uudsigelige og tavse viden. Projektet støtter sig derimod til tesen om, at kunstprocesser ikke bare er for kunstnere men kan almengøres gennem bestemte systematikker og kreative principper, som vi alle sammen kan blive i stand til at håndtere. Velfærdsområdet og erhvervslivet kan på den måde få glæde af den form for viden, kunst kan skabe.

I min egenskab af forsker og underviser har jeg haft fornøjelsen af at følge og videodokumentere enkelte møder mellem Idræts- & Naturbørnehaven Olympia i Svenstrup og to undervisere fra University College North (UCN) i projektet, og jeg skal her forsøge at vurdere dele af denne proces og præmissen for projektet. I løbet af tre sessioner kommer de workshops, jeg overværede, vidt omkring, og det vil derfor være meningsfuldt at give en både bekræftende positiv feedback og en mere kritisk vurdering af ABC-U-metoden.

Min egen baggrund er æstetikfaglig, jeg er lektor i dramaturgi og underviser bl.a. i design og ledelse af kreative processer. Min vej ind i projektet går gennem den viden, jeg fra egen undervisning og forskning har om kreativitet, æstetik og improvisation. Med andre ord skriver jeg mig ind i projektet med både et kunstfagligt og et kreativitetsteoretisk blik og håber dermed at kunne bidrage med iagttagelser, der er foretaget ret nær på dele af praksissen og dog som ekstern sparringspartner med en vis distance.

Artiklen falder i tre dele med følgende arbejdsspørgsmål:

• Hvilke behov udfylder et projekt som *Dans med Fremtiden* – og hvorfor lægger vi i det hele taget så stor vægt på kreativitet i dag?

• Hvordan etableres det kreative rum – kunstrummet - i casen? Og hvordan bliver det brugbart?

• Kunne den kreative kunstpraksis i projektet eventuelt optimeres?

Et kreativt state of mind

De to undervisere fra UCN, David og Frank, åbnede den anden workshop med medarbejderne i Olympia med et retorisk spørgsmål: "Hvor er vi henne i U'et, når vi arbejder?", spurgte de. Spørgsmålet skulle ikke besvares, men det havde en vigtig funktion. Det var med til at billedliggøre, hvordan en kreativ proces, som en gruppe deltagerere her var ved at blive ført ind i, også kan ses som en *struktur*, en U-struktur. I visse faser af en kreativ proces kan det være nødvendigt og befordrende at trække sig ud af processen og se den fra oven for at kunne reflektere over egne handlinger. Modellen fungerer som en måde at skabe orientering og selviagttagelse på. David og Frank demonstrede ved hjælp af et stort U-formet tegn, hvordan de forestillede sig, processen skulle forløbe:

"Først skal vi arbejde ned i bunden af U'et".

"Vi skal ned igennem U'et og så skal vi op ad benet her".

"Bunden" og "benet" refererer til forskellige dele af den kreative ABC-U-proces. Det var den anden eftermiddagsworkshop ud af et lille forløb på tre, og ved hjælp af U-figuren blev der givet klare instrukser for, hvordan

7 3

der skulle arbejdes kreativt. David og Frank befandt sig i personalestuen i institutionen Idræts- & Naturbørnehaven Olympia i Svenstrup ved Aalborg. Olympia er en idræts- og naturbørnehave, og coachene havde sammen med personalet udvalgt et problem, som skulle bearbejdes af personalet selv. Det lød: "hvordan bliver vi bedre til at markere vores naturprofil og inddrage naturen yderligere i børnehaven". Spørgsmålet er stort og vidtfavnende men relevant i forhold til institutionens mål, og for at tage hul på problemstillingen havde personalet til denne første workshop fået til opgave at præsentere nogle konkrete hverdagseksempler, som skulle beskrive, hvordan de allerede prøver at inddrage og udforske naturen sammen med børnene i institutionen. Indenfor kreative teorier er der et særligt *mindset*, der giver optimale vilkår for at agere kreativt, og som vi behersker forskelligt. Det betyder, at nogle vil trives med den uforudsigelighed og det kaos, der ofte kendetegner kreativt arbejde. Andre vil måske savne at vide mere præcist, hvor processen skal hen. Ved at skabe bevidsthed om processens dramaturgi som et forløb med begyndelse, midte og slutning, kan eventuelle modvilligheder imødegås, og ved hjælp af de indledende bemærkninger til processtrukturen, forsøgte workshoppens ledere tydeligvis

at ruste personalegruppen, så potentialet for at man kunne engagere sig i den proces, man som udgangspunkt ikke kunne kende resultatet af, ville blive størst muligt.

Professionshøjskolens genopfindelse af sig selv

Dans med Fremtiden er både en undersøgelse og en manifestation. Med projektet skabes en ramme for 'greenhousing', hvor medarbejdere på UCN i trygge rammer og forholdsvis uforstyrret kan arbejde eksperimenterende med at afprøve bestemte metoder. Dernæst markerer projektet udadtil, at kunstfagsundervisere og pædagoger kan tage hånd om sådanne udviklingsopgaver, og det får på den måde en eksemplarisk karakter.

Man kan se hele projektet som et tegn på, at uddannelsessystemet er i færd med at genopfinde sig selv. Uddannelser udvikler sig i disse år i stadigt stigende grad ved hjælp af sociale teknologier, der skaber betingelser for undervisningsformerne, rammesætter dem og påvirker måden at lede uddannelser på. Professionshøjskolerne skal både varetage praksisnære erhvervsfunktioner og være udviklingsorienterede. At være underviser på en professionshøjskole drejer sig derfor ikke kun om at formidle

7 4

et budskab, det er i lige så høj grad et krav til underviseren, at hun kan facilitere og sætte rammer op for elevernes iagttagelse og selviagttagelse, og kan få teori og praksis til at samarbejde. Mens underviserrollen ændrer sig, er vi samfundsmæssigt underlagt en række nye styringsredskaber for uddannelsessystemet så som kvalitetssikring, monitiorering, selvstyrende teams, coaching. Det kan forklares med, at uddannelser betragtes som organisationer, der skal agere omstillingsparate i foranderlighedens tidsalder, og som skal varetage mere gennemgribende opgaver som lærende organisationer. I forsøget på at genopfinde sig selv, ruster professionshøjskolerne sig nu ved at satse mere på udviklingsorientering, så uddannelsesinstitutionen kan bistå pædagogers livslange læringsproces. Underviserne skal her være klædt på, så de kan iværksætte og facilitere processer ude i institutionerne og gå i rollen som forandringscoaches. Dette er en del af den virkelighed, der kan forklare interessen for at have kunst og kreativitet som dagsorden – og som dermed begrunder projekt *Dans med Fremtiden.*

Alliancen med Teori U

Projektbeskrivelsen for *Dans med Fremtiden* er formuleret omkring nogle

målsætninger, som er ret karakteristiske for processer, der prøver sig med kunstfagenes metoder for af den vej at opnå erhvervslivsfremmende mål. Det ekspliciteres i beskrivelsen, at projektet er inspireret af C. Otto Scharmers bog *Theory U. Leading from the future as it emerges* (Scharmer 2009). Teori-U synes netop at være skrevet i forsøget på at fremme et kreativt *state of mind.* Scharmer fortæller i et af de indledende afsnit til bogen om, hvordan han selv fik en åbenbaring, der kom til at præge hans livsindstilling og hele hans virke som organisationsteoretiker og -analytiker. Han kom som dreng hjem fra skole til et chokerende syn: familiens gård stod i flammer, og mens familien bare kunne se til, brændte gården ned til soklen. Han og hans familie havde i princippet mistet alt, men i stedet for at se den skrækkelige hændelse som et uerstatteligt tab, finder Scharmer, at det skæbnesvangre øjeblik gjorde hans sanseapparat stærkere og vækkede det på en hidtil ukendt måde, som han siden har kunnet drage nytte af. Dermed bruger han eksemplet til at argumentere for det enkle udgangspunkt for bogen, at grusomme oplevelser kan vendes til selvindsigt og vinding. Og lige frem til mere bæredygtige handlinger. Det er jo ikke enestående at stærke begivenheder kan føre til fornyet indsigt for den enkelte, men at Scharmers

7 5

brændende fødegård leder ham til at udfolde en social emancipationsteori, der skal kunne forløse hver og en af os, kan man nu godt tillade sig at forholde sig en smule distanceret til. Ikke desto mindre er det netop Scharmers ærinde at almengøre sine tanker, og ved at koble den brændende gård med frihedsbegrebet, tager skitsen til Teori-U form: i asken fra de nedbrændte bygninger fik han en fornemmelse af, hvad det vil sige at være nærværende og uden tyngde, og dermed spirede anelsen om, hvad det egentlig vil sige at være et frit menneske, der kan bevæge sig uden at være forpligtet på de former, der allerede er. U-et er Scharmers tegn for netop denne vision. Det er et tegn for en bevægelse gennem tid, der foregår "oppe" fra Uets venstre hjørne, "ned" i bunden og optimistisk op igen i dets højre side. Og teoriens hovedpointe er, at gennem denne bevægelse, er der erkendelse at hente. U-et er derfor også en model, der skal fungere som procesmanual, sådan som netop Frank og David, som tidligere nævnt, anvendte den i deres ledelse af en ABC-U proces.

Modellen vil kunne bruges til at lede mennesker i udvikling gennem 5 kognitive faser. Disse tager ikke udgangspunkt i tilbagetrækninger eller refleksion men i at *se* verden. Tesen hos Scharmer

er, at intens observation gør os mere nærværende og kan lede til erkendelser, der kan skabe forandring og kan lede organisationer mod en bæredygtig fremtid, som det hedder. Som man ser, er det altså ikke en beskeden vision, der driver Scharmer, og det er antagelig denne visions kombination af her-og-nu tilstedeværelse og fremtidig organisatorisk bæredygtighed, *Dans med Fremtiden* – og en del andre danske projekter og organisationer - har ladet sig inspirere af.

I tråd med den udvikling, professionshøjskolerne tager del i, er Scharmers ærinde med Teori-U at finde opskriften på en social forandringsteknologi. Den henvender sig både til ledere – interaktionssystemer hvor personer er til stede og ser og sanser hinanden - og til alle dele af en organisation – organisationssystemer, hvor beslutningsprocesser er det, der afgør medlemskabet. Ifølge Scharmer er det en kendsgerning, at ledere kan noget særligt. Gennem meget grundige og verdensomspændende interviewundersøgelser med erhvervslivsfolk inden for innovation og strategi, har han kunnet udlede, at ledere ofte besidder et forhøjet nærvær og en særlig evne til at percipere omgivelsernes impulser. Men dels er disse særlige evner vanskelige at dokumentere, og dels kan de udnyttes langt bedre end de normalt bliver. Al ledelse er nemlig ifølge Scharmer styret af noget *andet* end det umiddelbart synlige mål. Dette 'andet' kan ikke ses og beskrives, det er intuitionen, den genererede erfaring og den særlige sans (for at bedrive ledelse). Hovedopgaven i Scharmers organisations- og ledelsesudvikling er at gøre det usynlige iagttageligt for ledelsen selv, og derfor tager hans model en omvej så, i stedet for at se udviklingsprocesser som en lige bevægelse fra sansning (perception) til handling (aktion), leder han opmærksomheden hen

presencing-niveau står for det led i en forandringsproces, som sjældent er skrevet ind i en procesplan: "experiencing the present moment" (Scharmer 2009 p. 52) .

Presencing, som er illustret i figur 1. i U-ets bund, er Scharmers eget begreb, der skal betegne ekstraordinær lydhørhed, ikke bare overfor det værende men mod det potentielle:"connecting to the deepest source, from which the field of the future begins to arise" (ibid p. 39). Det er den afventede dimension, hvor man forholder sig lyttende til eget indre og alle niveauer. Man lytter også til hinanden, og i forlængelse heraf udvikler Scharmer teorien om "shared perception", som han nærer en særlig stor forhåbning til. "Shared perception" på U-ets venstre 'ben' begunstiger nemlig kollektive beslutninger, "collective action" (figur 1.), hvilket gør hans teori ekstra aktuel i en tid, hvor interessen for, hvordan man decentraliserer organisationers

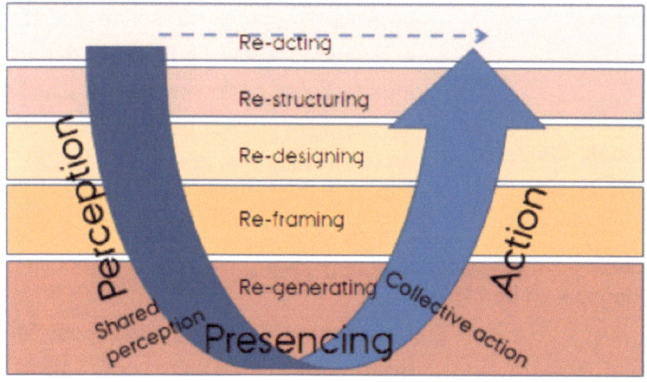

Scharmers "five levels of change"
(Scharmer 2009 p. 29)

Figur 1.

på *'presencing',* den oversete dimension i udviklingsprocesser. U-figurens

7 7

ledelse og etablerer teamledelse er markant. Og det er da også de hierarkisk ledede organisationer, som er hans bogs antitese, og som står for skud. Det organisationsteoretiske synspunkt, Sharmer forfægter er, at alt for få organisationer giver sig tid til at lytte grundigt nok til organisationens potentialer, og organisationer ledes derfor forholdsvis blindt. Det betyder, at forudsætningerne for at engagere kollektive teams med henblik på 'action' ikke er optimale. Omvendt: hvis man kunne se og sanse sine egne handlingers kilde, komme bag om den måde, vanen driver organisationer og deres ledelse til at handle, kunne man også i langt højere grad vurdere handlingernes kvalitet, foregribe dem og intervenere på en konstruktiv måde, er pointen.

For en mere konkret Scharmer
At *Dans med Fremtiden* tager Scharmer og ABCmetoden i brug, må man se både som et symptom på forandringerne af organisatorisk ledelse og på ændringer i forståelsen af, hvad pædagogik og læring skal udrette.

Rent pædagogisk afkræver Scharmers teori en ledelse, der forholder sig selvrefleksivt til egen praksis frem for at ville lære andre, hvordan de skal forandre sig: "Practice the U, don't teach

it", som det hedder hos Scharmer. Og styrken ved Teori-U er derfor også ifølge Scharmer, at man via processen "ned gennem U-et" frigøres fra traditionen, fra erfaringerne og de indgroede vaner. Det er nødvendigt med en sådan fordomsfri lytten til fremtiden, hvis man vil orientere sig mod nye og mere bæredygtige begyndelser, argumenterer han. I stedet for at lytte bagud og "downloade" fortidens handlinger og lette løsninger, skal den kreative *state of mind* altså hjælpe organisationen og ledelsen til at suspendere vanetænkning og lytte fremadrettet, skabende " towards a deeper level of attention", " listening from the emerging field of the future" (ibid. p. 13). Det centrale punkt i U-modellen er denne fordybelsesfase, som Scharmer betegner "kooperativ presencing". Det er gennem presencing-fasen, at den menneskelige opmærksomheds struktur kan ændres, og hvor både sindet, hjertet og viljen ideelt skal åbnes (ibid. p. 29), så man bliver i stand til sanse den emergerende fremtid:"one's highest future potential" (ibid.).

Det lyder vel alt sammen rigtig godt, for hvem vil ikke gerne være bedre i stand til at gennemskue egne handlinger. Og hvem ønsker ikke at forholde sig nærværende og opmærksomt til verden. Som det skulle fremgå, er det omkring teorien om presencing, Scharmer beskriver hvordan organisationens aktører kan nå til at *dele* deres perception og på den måde opnå konsensus omkring kommende forandringsopgaver. Scharmers ide om at organisationens konsensus skal funderes i et spirituelt fællesskab – den utilslørede fælles vilje ("uncovered common will" ibid.) - forekommer dog at være et af de punkter, der i min optik gør teorien tvivlsom, idet Scharmer her tydeligvis læner sig op af idéen om, at inspirationen til organisationens fælles projekt udspringer fra en indre kilde hos individerne. Op imod Scharmers kreativitetsforståelse vil jeg foreslå en mere pragmatisk idé. Det kreative er ikke en mental handling eller tilstand men kan aktiveres, når man giver folk en ramme at arbejde kreativt i. Rammen kan være et benspænd, som yder det tillærte modstand eller en konkret afgrænset opgave, der skal løses. Pointen er, at kreativitet kan betragtes som *re-aktivitet.* Fra det udgangspunkt er det allervæsentligste i en kreativ proces, at der gives rammer, som kan lede og fremprovokere re-aktivitet.

Et af de problemer, der følges med Scharmers spirituelle indgang er netop, at han ikke gør meget ud af at konkretisere, hvordan *presencing* skal praktiseres, rammesættes og trænes. Jo, han

bemærker hvor nødvendigt det er at lytte konkret til verden ved fx at lægge stilhed og meditative pauser ind i den daglige praksis i en organisation. Men da hans teori er så lidt handlingsanvisende, virker det konstruktivt, at *Dans med Fremtiden* insisterer på at pode hans idéer om forandringsskabende praksis med en form som ABC-metoden. ABC-metoden søger gennem kunstprocessens materielle og metaforiske bearbejdning at hente 'svar' på ret konkrete problemer. På den måde tilbyder ABC-metoden Scharmers teori en praksis, som hans idé om *presencing* kan materialiseres og realiseres i.

Kreativitet som befaling og frisættelse

*Dans med Fremtiden*s satsning på at bruge kunstens særlige viden i organisationer rimer under alle omstændigheder godt med den brede kreativitetsforståelse, U-teorien står for, og som er fremherskende i dag, hvor kreativitet og innovation ofte bruges som synonymer for idéer, der kan føre til økonomisk vækst. Overskrifter som "den kreative diskurs", "den kreative økonomi" og "den kreative klasse" markerer, at det kreative ikke kun hører til i kunstens verden men også bruges merkantilt, som afsæt for fx iværksætteri. Samfundsmæssigt er der sket et skifte her fra den tidligere idé om det kreative som

7 9

kunstnerens særlige privilegium og som alt det, lønarbejdet i hvert fald *ikke* var[1].

Når IKEA lancerer sloganet: *"Attack your competitors with innovation"* (Vær kreativ eller buk under), fortæller det noget om "den kreative økonomis" arbejdsetik. IKEA's slogan er karakteristisk for den højteknologiske kapitalisme, hvor værdien af de varer der produceres er flygtig og forbigående (Mason 2003). I IKEA's måde at markedsføre sig på som virksomhed er konkurrencedygtighed således lig kreativitet, da det er en anden form for tænkning end den målrettede logiske der skal aktiveres, når målet er at skabe bestandigt nye appellerende markedsprodukter. Kreativitet er altså ikke blot en markedsmæssig mulighed i dag men kan ligefrem ses som en nødvendig indstilling til produktudvikling (Mason 2003).

Det markedsorienterede argument om, at "kreativitet betaler sig", er dog kun den ene side af den kreative dagsorden. Det andet samfundsmæssige argument, som karakteriserer vores tidsalder, er tanken om det kreative som et særligt frisættende potentiale (Lehmann 2012). Det er den tanke, man møder i den positive psykologi, hvor kreativitet fungerer som en modpol til den fremmedgørelse, som moderniseringen og teknologiseringen står for. I psykologien er det kreative

et middel til at komme uden om den rationelle intelligensmåling af den menneskelige bevidsthed. Det er alt for begrænset at måle vores hjernekapacitet ved hjælp af IQ-tests, for hjernen fungerer langt mere nuanceret end sådanne tests kan registrere. Dette er Howard Gardners argument (Gardner 1983), og hans mange intelligenser er netop et eksempel på et opgør med IQ-målinger af menneskets viden. Csikzentmihalyis flowteori (Csikzentmihalyi 2005) er et andet udtryk for en teori, som tillægger den menneskelige bevidsthed andre værdier end de umiddelbart målelige.

Sammenfattende kan vi sige, at den højteknologiske tidsalder, den kreative kapitalisme og modernitetens psykologiske og pædagogiske idéer har ændret kunstens selvfølgelige ejerskab til det kreative, og derfor kan det være vanskeligt at finde en begrebslig konstant, man kan definere det kreative med. I dagligsproget giver det ikke de store problemer. Men når man taler om kreativitet i kunstfaglig sammenhæng, får man behov for at være mere specifik. Hvis kunstfagene skal have medejerskab i den kreative diskurs, bliver det en opgave for kunsten at vise, hvori kunstens særlige kreative egenskaber består. Og på hvilken måde kunstkreativitet er noget *andet* end den almene kreativitet, som både

8 0

erhvervslivet og den positive psykologi prioriterer. Det problem har *Dans med Fremtiden* angiveligt forsøgt at løse ved at knytte an til ABC-metoden, der skal levere øvelser, som kan rammesætte en anden form for viden om forandringsprocesser end den, der kan måles og vejes. Og som skal hjælpe deltagerne til at reagere på nye måder i deres professionelle virke.

Kunsten at springe

Den måde, man tilegner sig viden på i en kunstproces, er æstetisk betonet. ABC's beskæftigelse med æstetiske udtryksformer og sansning afgrænser en viden, der ofte forklares som 'tavs' viden, men det er ikke ensbetydende med, at videnskaben er uvidende om kunstprocessers måde at fungere på. Bl.a. kan kreativitetsforskeren, Edward de Bono, bidrage til at beskrive kunstprocesser logisk. I bogen *Lateral Thinking* (de Bono 1990 (1970)) formidler de Bono tesen om hjernens funktion som hhv. mønsterdanner og mønsterbryder. I det daglige skal vores hjerne håndtere enorme mængder af konstante input, og derfor må den nødvendigvis være reduktiv og udelukke en masse impulser. Det, hjernen genkender, vil af samme grund altid have forrang i forhold til ny viden. Som følge heraf adskiller de Bono to vidensformer, som han udmaler ved

to forskellige hjerneaktivitetsprocesser: den *vertikale*, som er rationel, selektiv og kausal og den *laterale*, som derimod er sidespringende, ekspanderende, associerende og ikke-lineær. Den laterale måde at bruge hjernen på er med andre ord den kreativt søgende. Vi har ifølge de Bono brug for begge former for hjerneaktivitet og viden. Men da hjernen har lettest ved at genkende mønstre, har den en indbygget konservatisme ("The mind is a cliché making and cliché using system"), og vi skal trickes til at bruge den laterale hjerneaktivitet (ibid. 1990 p. 36). De Bono har selv udviklet og indsamlet masser af praktiske øvelser, bl.a. kendt under overskrifter som 'thinking out of the box' og 'six thinking hats', der rammesætter sådanne tricks. Det er ikke så underligt, at de Bono har haft behov for også at formidle sig gennem praksis, idet hans teori er en ret præcis forklaring på, at kreativitet er afhængig af operationalitet, dvs. af øvelser og træning. Dermed kommer de Bono også med et interessant bud på, hvorfor så mange ønsker at gå på kursus i kreativitet: der skal, som hans teori hævder, øvelse til for at lade være med partout at reagere vertikalt. Vi er flasket godt og grundigt op med kritisk tænkning, så hvis vi skal forholde os affirmativt og bekræftende, skal vi gå i træning.

SERIEHÆFTE

Det kunne tyde på, at *Dans med Fremtiden* godt kunne hente en vis støtte i de Bonos teori, idet ABC-metoden netop giver øvelse i at arbejde lateralt i konceptets "legende" dele, som ikke er forpligtet på at skulle levere organisatoriske løsninger eller optimere økonomiske bundlinjer. Men i et videre perspektiv vil man opnå noget ganske bestemt med kunstprocessen, den skal som tidligere citeret rettes strategisk mod innovation indenfor velfærdsområdet. Projektets udfordring befinder sig præcis i dette skæringspunkt, nemlig i det centrale spørgsmål om, hvordan den autonome kunstproces, som eksplicit tjener sit eget formål, og den resultatbaserede problemløsningsproces kan kombineres og komme til at spille sammen. Det stærke fokus på innovation og udvikling gør projektet forretningsstrategisk og løsningsrationelt - og jf. de Bono vertikalt. Men samtidig sigtes mod at skabe møder i kreative rum ved hjælp af metoder "der er baseret på kunstens iboende evne til at håndtere kompleksitet og uforudsigelighed" (*Dans med Fremtiden* 2010). Det er med de Bonos ord den laterale tænknings mulighedsorientering, man her er ude efter. Det kreative rum kan, hvis det fungerer optimalt, afskærme tanken fra de krav, som den rationelle og relevansorienterede hverdag vil lede opmærksomheden hen på. Det er

med den indstilling, projekt *Dans med Fremtiden* har allieret sig med ABC, som kan operationalisere den kreative tænkning via ABC-metodens særlige spilleregler, som – med de Bono – kan sætte væsensforskellige rammer op for det vertikale løsningsorienterede rum og det laterale mulighedsrum. På den måde skulle ABC-metoden kunne holde aktivitet som *søger* mulige løsninger klart adskilt fra beslutninger om løsning*en* (figur 2.).

Det, der også fremhæves i projektbeskrivelsen, er kunstprocessers åbenhed for det, vi ikke kan ræsonnere os frem til. Det uforudsigelige er de hændelser, man i hverdagen ville blive forstyrret af, ville overse eller opstille forbud imod. Det er de dele af en kreativ proces, der jf. figur 2 indebærer en orientering mod det mulige og det ikke-begrebslige. Vi skal senere se, hvordan børnehavepersonalet i Olympia gennem en af de opgaver, medarbejderne fik stillet i ABC-U projektet, fik overdraget en iagttagelsesstruktur, som gjorde det muligt for dem at se på det uforudsigelige som en ressource. Det skete efter et uvejr, hvor der havde dannet sig en kæmpemæssig vandpyt på børnehavens legeplads. I stedet for at afskærme børnene fra det våde element, kom vandpytten til at indgå i et eksperiment, hvor den fik en æstetisk funktion. Som

8 2

Den kreative proces jf. de Bono

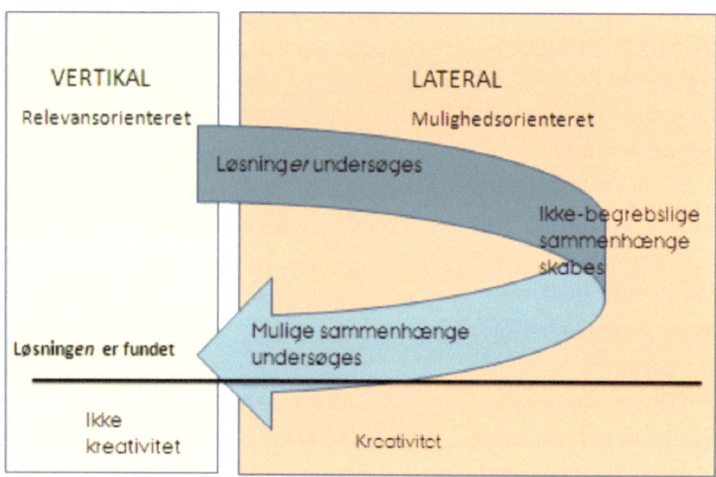

VERTIKAL
Relevansorienteret

LATERAL
Mulighedsorienteret

Løsninger undersøges

Ikke-begrebslige sammenhænge skabes

Løsningen er fundet

Mulige sammenhænge undersøges

Ikke kreativitet

Kreativitet

Figur 2

vi skal se, var det ikke en begrebslig skandering af vandpytten, der var i fokus i casen, men en registrering via sanserne, følelsesapparatet, forestillingsevnen, og som det er vanskeligt at beskrive ved hjælp af hverdagserfaringens diskursive sprogbrug.

Spørgsmålet er dog, i hvilken grad det lykkedes for forløbet i Olympia at bygge bro mellem forskellige hensigter og strategier: Mellem kunstprocessens laterale og ikke-begrebslige arbejdsmåde, hvor den rigtige løsning ikke findes og heller ikke kan artikuleres sprogligt. Og den vertikale udbytteorienterede proces, hvor den rette løsning er hovedsagen. For at nå til en afklaring af det spørgsmål, vil

jeg kaste et blik på den konkrete praksis i børnehaven.

På observation i det kreative rum

I rollen som observatør deltog jeg ved de to første workshops og oplevede en åben medarbejdergruppe i Olympia og et par meget lydhøre og affirmative coaches i Frank og David. Den uformelle form, jeg observerede under, vil man normalt karakterisere som deltagende observation. Strategien var desuden at holde observation og analyse nogenlunde adskilt. Min erfaring er dog, at observation og noteindsamling skal semistruktureres, og det dobbeltblik, jeg anvendte under observationen var dels et deskriptivt blik

8 3

på situationen: *hvad* sker? Og dels et operativt: *hvordan* sker det?

Jeg havde en medhjælper med mig, som optog workshop nr. to på video, så jeg bagefter kunne genkalde detaljer i observationen og kunne bruge videomediet som distanceskabende redskab. Hensigten var på den måde at opnå en høj grad af nærhed i situationen men også at kunne sikre en distance efterfølgende. Det ville være urimeligt at hævde, at jeg fungerede som en helt uskyldig iagttager. Den faglige ballast er naturligvis en guide, der kontinuerligt strukturer opmærksomheden, når man er observatør. For mit vedkommende er den faglige optik præget af, at jeg er dramaturg og har en særlig præference for at se forløb som handlinger og tilblivelser. Derfor er både de strukturer, der rammesætter og undervejs styrer en proces, og de fænomenologiske og bevægelige forhold, der "er skeende" og forhandles kommunikativt, væsentlige.

I udgangspunktet er den indstilling til kreative processer, man aner hos *Dans med Fremtiden,* pragmatisk. Med den brede forståelse af kunst, som lægges for dagen i projektbeskrivelsen, bliver det kreative en måde at 'have verden på'. Dvs. det kreative er ikke en vuggegave for de særligt talentfulde; det er derimod en indstilling til verden, som kan trænes

og vedligeholdes. For dels at holde fast i dette og dels undgå at annektere Scharmers syn på det kreative som en tilstand, der opnås 'indefra' den enkeltes sind, har jeg valgt at vægte, hvordan facilitator – i dette tilfælde coachene – skaber rammer for deltagerne, og hvordan de muliggør en træning af den kreative indstilling. Samt hvor processen evt. spænder ben for sin egen kreative indsats.

ABC-metoden i praksis

Ud over den rolle, min ekspertise spiller for observationen, havde selve metoden en uomgængelig form. I Frank og Davids ABC-workshop bestod formen af seks faser: åbning, serv, decentrering, poetisk feedback, æstetisk analyse og høst. Disse var naturligvis i høj grad medvirkende til at strukturere iagttagelserne og er bibeholdt i den deskriptive og analytiske gennemgang herunder:

Åbning
Den indledende workshop foregik som et informationsmøde i børnehavens konferencelokale, hvor personalet fortalte om deres arbejde og om visionerne med stedet.

Åbningen blev rundet af med en kreativ opgave: der skulle skrives haiku-digte. Disse blev efterfølgende hængt op til uforpligtende skue.

Slutteligt stilledes deltagerne en hjemmeopgave: de skulle i den nærmeste tid iagttage børnenes måder at agere på i naturen, få øje på særlige dynamikker og forhold mellem børn og natur for dernæst at sammenfatte det i en beskrivelse, gerne suppleret af en visuel skildring.

Åbningsseancen viste en lyttende, kommunikerende og sammensvejset medarbejdergruppe, der havde tillid til projektet og ikke havde store problemer med at alliere sig med de to coaches. Der var altså ikke megen modvillighed, som skulle imødegås. Der herskede en særlig pionerånd i Olympia, hvilket kom til udtryk ved, at medarbejderne og ledelsen udviste stor tiltro til egen institutions kvalitet og vilje til at få børnehavens naturprofil skærpet. Naturforståelsen hos Olympia er en værdi, man forholdt sig eksplicit til. Naturoplevelse blev formuleret som en æstetisk sanselig tilstand, idet børnenes møde med naturen blev udtrykt som "noget, der mærkes og erkendes."

Bagsiden i forhold til de følgende workshops kunne være, at der var mindre 'problem-potentiale', og der skulle nok forholdsvis store modspil til for at udfordre denne gruppe.

Med hensyn til den kreative forøvelse, udtrykte flere deltagere dog forundring over, at det begrænsende formprincip som haiku-digtet er, gjorde det nemmere at skrive. Her blev de udfordret af haiku-digtningens regelsæt, som ved at begrænse udfoldelsesmulighederne, letter 'presset' på subjektet, både idet det ikke er ham/hende men rammen, der afgør digtes form, og fordi den enkelte fritages fra at skulle give sine tanker og

impulser et logisk indhold. Idet Scharmers formler her blev gjort konkrete, fungerede øvelsen som en fin åbning til serven for den kreative proces.

Serv
Tre grupper fremlagde deres iagttagelser af børnenes måde at agere på i naturen.

Gruppe 1 havde observeret forholdet mellem børn og vand, de viste billeder af børn, der graver i vand og fortalte om en tilfældigt opstået vandpyt, som havde udviklet sig til et vandeksperiment på børnehavens legeplads.

Gruppe 2 videreudviklede vandtemaet, idet eksperimentet med vandpytten havde forplantet sig til en ny leg, hvor en lille gruppe drenge gravede render og transformerede vandpytten til floder.

Gruppe 3 havde besøgt en grusgrav med bakker i forskellige størrelser og indberettede, hvordan børnene tog bakken i brug, hvordan de ekstatisk benede op ad bakke og ned i dal, gjorde balanceøvelser på kanten, og hvordan de både forholdt sig til det store rum ud mod verden og fandt huler og lavninger, de kunne putte sig i.

Efter fremlæggelserne fik hver deltager til opgave at formulere et individuelt spørgsmål, der skulle have med arbejdspladsens problemstilling at gøre ("hvordan bliver vi bedre til at inddrage naturen i børnehaven"?)

Frank og David gav eksempler på, hvordan det kunne udformes: " hvordan kan jeg være med til at understøtte og udvikle børnenes viden" eller "hvad skal jeg være opmærksom på for at understøtte børns viden om naturen".

Endelig var der indlagt en øvelse med bold, hvis regler modarbejdede deltagernes vante måde at gebærde sig fysisk på: man skulle tage skoen af den stærke fod og spille fodbold med den svage.

Det var tydeligt, at idet medarbejderne havde fået stillet en opgave, der drejede sig om at *se* på det vante med et andet blik, havde de også *handlet* anderledes end de normalt ville gøre. Og i tilgift havde enkelte fået øje på, hvordan de *kunne* have handlet, som da en af de ansatte udbrød: " Hvis jeg havde vidst, hvad de havde gang i, havde jeg ikke ryddet det hele væk fra vandpytten dagen efter – så kunne jeg måske have fortsat den...". Ofte er erfaringen banal, og her noterede den pågældende altså, at havde han lyttet lidt anderledes til situationen, ville han have kunnet agere alternativt og undladt at se de eksperimenter, børnene havde gang i, som noget rod, der skulle fikses med en oprydning. Havde han set det, havde han altså (med Scharmer) undgået at downloade den sædvanlige rutine, og indirekte gjorde han måske også opmærksom på, at hvis man skal sikre sig mod at gentage en vant social praksis i hverdagen, skal der sættes ind med særlige øvelser, der kan aflære den. Den stillede opgave syntes netop at komme til at fungere som et lille øvelsesforløb for medarbejderne, som gav træning i at holde øje med børnenes uforudsete håndtering af legepladsens 'natur'. Da børnene blev draget mod vandpytten, valgte medarbejderne at se den som et objekt, der kunne udforskes æstetisk og gik med børnene ind på denne optik. Det bedste eksempel på denne pointe er nok det tilfælde, hvor børn og voksne eksperimenterede lydligt og visuelt. Eksperimentet blev beskrevet som et taknemmeligt forsøg, da vand virker dragende: "Har vi et vandhul, har vi også børnene," som én ytrede. Medarbejderne gav børnene forskellige former for handlinger og sproglige stikord, som kunne højne fordybelsen i de sanselige dimensioner: hør det plaske, se det springe, føl vandet, hop i vandet. Og da vandpytten en morgen var frosset, undersøgte man, hvordan den frosne is og derefter den splintrede og den smeltede is fornemmedes. I eksperimentet med at grave floder blev vandet undersøgt mere 'entreprenørielt': man tog bestik af vandet i forhold til dybde og flytbarhed, der blev bygget dæmninger og broer over vandet, og der blev fanget fisk. Der var dog et pædagogisk dilemma, som skulle overvindes: "Man må ikke grave udenfor sandkassen – bør vi stoppe det?" – " Der er gang i en sanselig udforskning – bør vi stimulere det?" Men opgaven gjorde det legitimt at skabe en undtagelsestilstand, og medarbejderne gav derfor et 'go' til at der kunne eksperimenteres på grænsen af 'loven'. På den måde fungerede opgaven som en hjælp til at inkludere børnenes (kreative og æstetiske) indfald frem for at afvise eller negligere dem.

Observationsopgaven gav med andre ord også børnene flere chancer for at blive set som kreative og æstetisk kompetente.

Det hele foregik som et uformelt pædagogisk eksperiment, men som pædagogerne formulerede det: "Vi stod bag ved legen, som medoplevere".

Decentrering
Inspireret af landart skulle deltagerne individuelt lave en installation. "Tænk naturen som billeder, find naturgenstande og arranger dem til et samlet udtryk," lød coachenes anvisning.

Deltagerne gik enkeltvis ud i mørket og skabte hver sin installation.

Nu skulle deltagerne arbejde eksperimentelt med en særlig materialitet og et bestemt formunivers. I stedet for impulser fra børnene, skulle de bruge *landart* formen som ramme for komposition af et udtryk. Med valget af *Land art* indikerede coachene, at de ønskede at skabe en ret lige forbindelse mellem børnehavens naturprofil og 'værk'produktionen. *Landart* eksperimenterer som kunstform med værkets integration i og afhængighed af naturen. Formen grænser i visse tilfælde op til landskabsarkitekturen og var i 1960-erne knyttet til en rumlig minimalisme, men det var kunst skabt

på stedet af stedets materialer. Selv om *landart* i dag er mere differentieret, er det fælles projekt at kunstprocessen forandrer et stykke natur eller en lokalitet ved hjælp af visuelle og rumlige indgreb, som fx Cristos indpakkede Rigsdag i Berlin. I forhold til min markering af rammens betydning var det dog ikke megen information, deltagerne fik om *landart*-principperne for opgaven. Der var ret frit slag, og de blev kastet hovedkulds ud i opgaven, så med en mindre sammensvejset gruppe eller modstandsfyldte deltagere ville man ikke nødvendigvis have opnået så fokuseret en decentrering. Men deltagerne var solidariske og havde haft succes med de opgaver, de hidtil havde løst, og de var snart i sving med at finde materialer på legepladsen: grene, træstammer, overvintrede græsstrå, sten, plastic, papir, dåser...

Poetisk feedback
Ude på pladsen stod landart-installationerne færdige. Coachene samlede deltagerne til fernisering. Alle fik udleveret papir og pen og skulle nu efter at have været produktive indstille sig på at være receptive. De bevægede sig rundt i udstillingen, og ved hver installation skrev hver deltager et udsagn, som en respons på det, de så. Deltagerne samlede udsagnene til egen installation i en pose og tog dem med i det videre forløb.

Indenfor i bevægelseslokalet skulle hver deltager atter producere, idet der skulle skrives et kort digt med brug af ord fra de udsagn, installationen var blevet tildelt af de andre deltagere.

8 7

SERIEHÆFTE

Der var forskellige principper i sving her. For det første gav responsopgaven deltagerne en konkret mulighed for at skabe noget ved at re-agere på en andens "værk". Dette har en kreativitetsteoretisk pointe, da omskabelser principielt er mindst lige så betydningsskabende som nyskabelser, ja, ofte kan være mere interessante, fordi der ikke ligger nær det samme originalitetspres på den, der skal give en respons som på den, der forventes at skabe noget unikt. Respons-opgaven kan med andre ord være en hjælp til at forholde sig lateralt og se skæve muligheder. Derudover gav opgaven deltagerne mulighed for at skifte optik, da de nu skulle iagttage værkerne *udefra*.

Den poetiske feedback mundede ud i en 'randomisering', idet den enkelte fik tildelt en mængde ret tilfældige brikker i form af de andres udsagn, som han/hun skulle omdanne til et nyt udtryk: et digt. Kreativitetsteoretisk er randomisering – at sætte tilfældige ting eller ord sammen - et ret interessant princip. For i kraft af hjernens evne til at skabe vertikale mønstre, vil den reagere på skæve ordsammenstillinger og tilfældige sammenbragte genstande ved at forsøge at aflæse det sammensatte kohærent og dermed få det til at give mening (jf. de Bono). Randomisering er derfor et andet

greb til at træne processens deltagere i at skabe forbindelser og løsninger på utraditionelle måder.

Endelig foregik der et medie-skift i øvelsen, da deltagerne skulle udtrykke sig i poesi. I den bevægelse kan vi antage, at der kan ske en ny 'rettethed', idet deltagernes opmærksomhed flyttes fra landartopgavens *rumlige* formperspektiv til den litterære poesis *temporære*. Poesiens formsprog, der er baseret på sprog, rytme og tid, kunne altså tænkes at bidrage til at udvide og omforme det rum, installationen havde markeret og gav deltagerne et andet udgangspunkt for at se og opleve deres kreationer. Poesirammen kunne på den måde pirre hjernerne hos de involverede med henblik på at lokke dem til at reagere anderledes.

Forløbet var under tidspres, og det blev derfor en meget kort proces.

Æstetisk analyse
Deltagerne var placeret i en kreds på gulvet i bevægelseslokalet. Èn for èn læste de deres digte højt. Undervejs anmodede coachene dem om at lytte til deres eget digt med henblik på at ane et eventuelt 'svar' på det individuelle spørgsmål, de tidligere på dagen havde formuleret: "Hov, hvad kunne digtet fortælle mig om mit spørgsmål?"

Æstetisk analyse er i denne sammenhæng et iagttagelsesbegreb: man

8 8

er ikke længere skrivende men iagttager det, man har produceret ved at læse det for andre. Analyse skal altså ikke forstås som en rent begrebslig måde at skabe betydning på. Derimod syntes hensigten at være at bevare fornemmelsen af det uudsigelige, dvs. af den stoflige sansning af digtets rytme, form, indhold og temporalitet. Men samtidig var det i denne fase, man også skulle tage springet ud af det kreative kunstrum og søge et svar på det spørgsmål, der blev formuleret før selve kunstprocessen gik i gang. I denne case var der visse problemer med at få 'oversat' den kreative del af processen til hverdagskonteksten. Det var også påfaldende, at deltagerne ikke var helt med på spøgen, og der var tale om ganske få og meget forsigtige responser. Det kan der være flere grunde til. Dels var der som sagt dårligt tid til fordybelse, og det er min vurdering at de ellers meget omsorgsfulde og præcist vejledende coaches ikke fik trådt helt grundigt nok i funktion her, hvor deltagerne havde behov for vejledning for at få øje på mulige kreative 'svar'. Dels forekom der ikke at være så meget metaforisk kraft i de værker, 'svaret' skulle opstå gennem, hvilket ikke skal forstås som en kritik af deltagerne og deres kreationer. Men der havde efter min vurdering simpelthen ikke været tid nok i det forudgående skabende arbejde og måske heller ikke

en stærk nok rammesætning af opgaven "at skabe 'kunstværker'", hvilket betød at man mere fik en demonstration af metoden end en potent udfoldelse af den. Med mere tid og grundigere facilitering og vejledning undervejs ville den metaforiske kraft i 'værkerne' sandsynligvis have været stærkere. Fx er min vurdering at opgaverne med fordel kunne have været nedbrudt i mindre dele, så forløbet havde fået en mere udtalt trin-for-trin-struktur. Det ville have gjort det mere håndgribeligt for deltagerne, hvad de skulle gøre, og fritaget dem fra at vide, hvor processen skulle ende. Det skal også her tilføjes, at ingen af de to coaches i det daglige er kunstfagslærere, så de var i den henseende på udebane.

Endnu en vanskelighed, som anes her, er den terapeutiske præmis, metoden hviler på. I den måde, den 'æstetiske analyse' blev foregrebet på, synes ABC-metoden at hævde, at individet projicerer sit psykiske indre ind i testemnet, dvs. ind i installationen og videre over i digtet. Så vidt jeg kan se, beror det på en idé om, at forestillingsevnen og kreativiteten fødes i det ubevidste og konkretiseres gennem værket i en direkte projektion. Dette svarer meget godt til Scharmers idé om det kreative som en mental bæreevne. Men med det brændpunkt risikerer man at komme til at neddrosle fokus på øvelser, som udnytter det, der sker *mellem* deltagerne. Det er ikke tilfældigt, at improvisationsteater, som netop består i at en gruppe spillere skal agere spontant på hinandens impulser, ikke arbejder med deltagernes indre impulser men med stimuli og opgaver, de kan reagere på, og med træning af opmærksomhed på medspillerne. I modsætning til det, hænger ABC's projektionstanke så vidt jeg kan se sammen med en idé om, at den skabende, kunstneren, fremkalder værket gennem sin privilegerede men tavse viden. Spørgsmålet er, hvor godt denne idé spiller sammen med ABC's pragmatik, der jo har den præmis, at alle kan deltage i kunstbaserede processer.

Høst
I umiddelbar forlængelse af digtoplæsningen skulle resultatet af dagens arbejde høstes, dvs. det skulle omsættes til en sproglig og kommunikativ form. Coachene bad deltagerne overveje, om der var noget metodisk, de kunne tage med sig ud af dette rum.

Den fornemmelse, man evt. havde fået gennem den æstetiske analyse, skulle nu udtrykkes diskursivt, med ord. Denne del af sessionen var ganske kort, og jeg er ikke sikker på, frugterne var helt modne til en høst. Den æstetiske analyse skulle nok have været grebet anderledes grundigt

an, med mere tid til rådighed og med et mere kvalificeret 'værk'arbejde, hvis en indbringende høst skulle have været bragt i hus. Trods den knappe tid og forløbets vanskelighed med at trække synlige resultater hjem, var der undervejs opstået en række delresultater, som syntes at kompensere for den nedadgående kurve ved afslutningen.

Som illustrationen i figur 3. forsøger at vise, er det springende punkt i en ABC-proces forskellen mellem de kunstbaserede øvelser, der alle fungerer decentrerende, og den endelig høst, som centrerer processen mod en løsning. Og som jeg ønsker at vise med figuren, er der en pointe i, at metoden holder decentreringsprocessens faser meget klart adskilt fra hinanden (se i tillæg Lehmann 2012[2]). Det bliver af stor betydning, at coachen er klar over, hvilken form for tankeaktivitet og hvilket kreativt 'mode' hos deltageren, han/hun vil appellere til i de enkelte faser. Nuanceforskellene i decentreringen er derfor uerstattelige. Værkskabelsen er den dimension, der funderer decentreringen. Den er i min fortolkning en bestræbelse på at rammesætte en sansemæssig og *konkret* ikke-begrebslig sammenhæng. I den poetiske refleksion fortsætter den øvelse, men målet med denne fase er dog en anden, den

ABC-arkitekturen

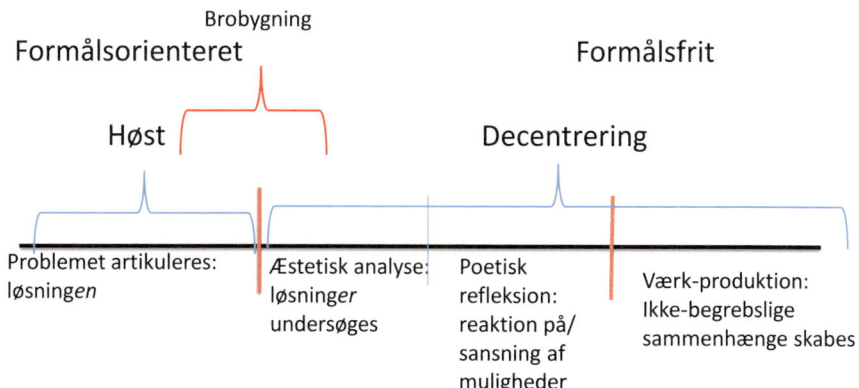

Brobygning

Formålsorienteret   Formålsfrit

Høst   Decentrering

| Problemet artikuleres: løsningen | Æstetisk analyse: løsninger undersøges | Poetisk refleksion: reaktion på/ sansning af muligheder | Værk-produktion: Ikke-begrebslige sammenhænge skabes |

Figur 3.

nærmer sig systematisk den formålsorienterede høst, for kort efter, i den æstetiske analyse, skal deltageren formulere, hvordan det poetiske 'værk' kunne kaste 'svar' af sig. Og endelig i høstfasen tages springet *ud af* det formålsfrie rum og over i en formålsrettet rationalitet, idet deltageren artikulerer sin 'løsning'.

I ABC-metoden beskrives bevægelsen fra det formålsfrie kunstrum til høsten som en brobygning. Men jf. de Bonos teorier om hjerneprocessernes måde at arbejde på (som illustreret i figur 2.), er

spørgsmålet, om coachens opgave ikke snarere er at hjælpe deltagerne med at etablere det vanskelige *perspektivskift* mellem den decentrerede kunstproces og den resultatorienterede høst – så de bliver i stand til at 'springe' mellem disse væsensforskellige perspektiver. Det gunstige i ABC-modellen er, at den ved hjælp af de umage trin holder forskellige principper i den skabende proces adskilt, og desuden at forskellen mellem kunstrummet og den hverdagslige problemløsning af princip *ikke* ophæves og nivelleres. Teoretisk set ville en sammenblanding netop risikere at

9 1

svække deltagernes kreative indstilling i det decentrerende 'mode', da det kunne vække deres bekymring for, om kunstprocessen nu også kan levere nogle ydelser, der kan bruges til noget 'virkeligt'. Hvis den formålsfrie proces i praksis skal have en kvalitet, der rækker ud over processen selv, er det dog basalt, at der skabes velfungerende kunstneriske produkter og metaforer, som kan bidrage til at skabe et nyt blik på et faktisk problem i den formålsorienterede del af processen.

Når en vandpyt bliver til en æstetisk relation

Den mest interessante iagttagelse under min observation var, som beskrevet, hvordan den uforudsigelige vandpyt fik en æstetisk funktion hos Olympia. En vandpyt vil ikke for enhver pris blive set som æstetisk, men den kan, jf. den tyske æstetikteoretiker, Martin Seel (Seel 2004), *komme sensorisk til syne,* og altså *blive til* æstetisk form (ibid. p. 46). Den ikke-æstetiske iagttagelse er 'blot' rettet mod tingenes reelle betydning, mens den æstetiske anlægger et fokus, som iagttager flere samtidigt virkende betydninger og effekter ved en situation eller en genstand, jf. Seel. Der er indlejret en bevægelse i Seels måde at forstå det æstetiske på: det æstetiske er hos Seel en relation, som subjektet

og omverdenen fremkalder gensidigt. Den æstetiske relation kan fremkaldes i forhold til alt muligt: ting, mennesker, kunstværker, bestemte atmosfærer. I den situation, hvor deltagerne i workshoppen selv skabte installationer og skrev digte, stræbte workshoppen mod en *artistisk* æstetisk tilsynekomst, mens deltagerne opnåede en *atmosfærisk* æstetisk relation til noget hverdagsligt, børnehavens legeplads, da de fik stillet opgaven i forløbets serv. Børnene 'pegede 'selv begivenheden ud, mens pædagogernes opgave blev at give sansningen retning, så den ikke kun blev styret af kontingens. Derved blev situationen guidet mod den æstetiske iagttagelse. Man kan forklare pædagogernes intervention fænomenologisk, som en intentionalitet, der kunne 'lede' børnenes måde at sanse vandet på og derved kunne skærpe sansningen til fx aktiv iagttagelse af vandet og lyttende koncentration i forhold til dets lyde.

Vandpytten som prototype

Hvis vi skal oversætte vandpyt-situationen til Scharmers U-figur, var fordybelsesniveauet ganske højt i denne case. Der var momentum i forhold til situationen, medarbejderne havde anet 'noget', skønt de på daværende tidspunkt ikke kunne vide, hvor dette 'noget' ville lede dem hen. Med Scharmer kan det ses som et eksempel på en perceptuel maksimaltilstand, " listening from the emerging field of the future" (Scharmer 2009 p. 13). Scharmer ville nok endvidere have set på situationen som et eksempel på "shared perception". Den betegnelse finder jeg også anvendelig, men på baggrund af en pragmatisk forklaring. Dels er mødet socialt konstrueret og beror i høj grad på pædagogernes fornemmelse for og ekspertise i forhold til at *se* disse børns reaktioner på verden. Og det er betinget af deres professionelle viden om, hvordan man giver konstruktiv og appellerende feedback til børnene. Dels kan man antage, at medarbejdernes sans for situationens potentiale blev stimuleret gennem den hjemmeopgave, Frank og David havde stillet dem. Hjemmeopgaven er derfor et eksempel på en velfungerende rammesætning af deltagernes kreative perception og aktivitet. Og det er også et glimrende eksempel på, hvordan ABC-coachen fungerer, ikke som en mental supervisor men som vejleder, der giver deltageren et rum at reagere i og noget at reagere på. En anelse om et forandringsperspektiv kan være vanskelig at realisere eller omsætte, når man står

midt i en ikke-begrebslig sammenhæng. Men da medarbejderne senere i workshop nr. to under serven skulle re-konstruere vandpyt-situationen ved at genfortælle den systematisk og visuelt, blev den jf. Scharmer omdannet – *re-framed* - til en prototype. En prototype er en konkret testversion af en idé. I bogen *Sticky Wisdom* uddyber What If! The Innovation Compagny, forfatterkollektivet bag bogen, at en prototype viser sig, når tanken om en ny idé får en form, som kan røres, leges med i hænderne, puttes i lommen, visualiseres eller performes (What If! 2002 p. 95-102). *Prototyping* drejer sig nemlig om *realness,* jf. *What If!*

Prototyping tænkt med de Bono

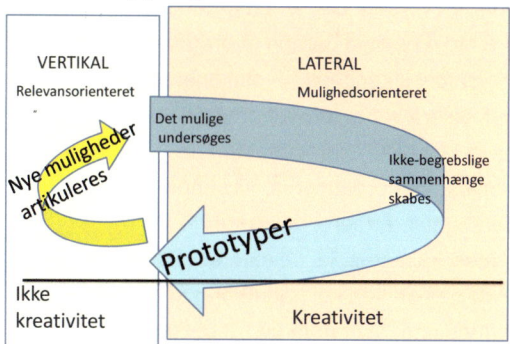

Figur 4.

Hos Scharmer er *prototyping* også det konkrete udbytte af presencing, dvs. af en forhøjet sansemæssig opmærksomhed. Ifølge Scharmers U-model kan en

9 3

sansning af mulige fremtidige handlinger krystallisere sig, og da begynder en idé at tage form som en potentiel prototype. Netop på prototype-niveau kan ABC-metoden for alvor bidrage til Scharmers lidt luftige teori og tilføre den noget konkret. De 'værker' og responser som produceres i en ABC-proces, er ikke løsninger men impulser, udsprunget af iscenesatte rammer og uforudsigeligheder, som har fået form. Disse former (i casen installationer, responser, poesi) kan bidrage til løsningen, hvis man coacher dem i en vertikal retning mod det relevante. Men det er klart, at en kunstbaseret proces ikke altid kan oversættes til en god og gangbar løsning på et problem i den praktiske hverdag. Der kommer med andre ord ikke med garanti et brugbart nyt organisatorisk koncept, revolutionerende erkendelser eller et fornyet produkt ud af en enkelt ABC-U proces. Men de prototyper, der produceres, vil kunne undersøges nærmere, de vil kunne gemmes, kasseres, ja, selekteres. Dette kræver dog en vertikal håndtering af dem, en håndtering, hvor man ud fra bestemte kriterier for godt/skidt, udvælger de bedste prototyper til videre forarbejdning. I visse tilfælde kan en prototype altså bidrage direkte til løsningen, i andre vil den fungere som et springbræt, der artikulerer et nyt blik på problemstillingen, mod

fornyede undersøgelser af det mulige jf. figur 4.

To kritiske bemærkninger
Trods en overvejende positiv opfattelse af forløbet, er det også ret tydeligt for mig, på hvilke punkter det kunne forbedres og videreudvikles.

Det ene forbedringsbehov handler om at opøve bedre springkraft mellem 'kunstrummet' og det problemorienterede rum, så kunstprocessen faktisk kan bruges til noget. Dette påtales ud fra erfaringen om, at jo bedre 'kunst' des bedre løsninger. Hvis metaforerne ikke er gode, vil der heller ikke kunne øjnes banebrydende løsninger, og så kan det blive vanskeligt at komme ud med potente prototyper.

Det andet punkt drejer sig om opkvalificering af kunstautonomien. Som beskrevet under processens æstetiske analyse og høst virkede det som om, der ikke blev givet den fornødne tid til fordybelse, og deltagernes formmæssige arbejde kunne med fordel have været strammere styret. Som konsekvens var 'værkerne' ikke helt stærke nok til at kaste metaforisk betydning – og dermed løsninger og 'svar' - af sig. I sådanne processer skal man vide 'hvorfor' men ikke 'hvorhen'. Derfor skulle

en opkvalificering af kunstautonomien have til formål at holde målet ude af syne, idet tesen er, at det ville gøre problemløsningerne bedre.

ABC-U i Scharmers perspektiv

Efter at have studeret udfaldet af en enkelt workshop, vil jeg nu vende blikket mod det samlede projekt. Spørgsmålet er, om kunstpraksissen og kreativiteten i projektet eventuelt kunne optimeres? I projektbeskrivelsen er det store mål for *Dans med Fremtiden* at forandre praksisser i institutioner. Disse sammenlignes med og beskrives som

"organisationer" i "velfærdssektoren". Der er behov for "radikalt anderledes handle- og tænkemåder", lyder det, hvilket kunstpraksissen, som det skulle være fremgået, skal befordre. På baggrund af det lille forløb jeg har haft anledning til at følge, kan jeg naturligvis ikke svare på, hvorvidt disse mål vil lykkes eller ej. Det er der yderlige to grunde til.

For det første fordi de metoder, som tages i brug i den del af projektet, jeg har observeret, overskrider IQ-opfattelsen af den menneskelige bevidsthed. I lighed med kreativitetsteorierne synes målet at være at styrke en gruppe pædagoger i

9 5

at opdage og udvikle 'flere intelligenser' i stil med Howard Gardners ideal. Derfor ville det heller ikke være helt tilfredsstillende blot at undersøge det, metoden umiddelbart kan se med henblik på at bekræfte det synlige. Min hensigt har været at stille nogle spørgsmål til det, vi kunne se i processen, og her afslutningsvis vil jeg som eksternt 'øje' forsøge at komme med nogle enkelte bemærkninger til noget af det, som kunne være projektets egen blinde plet.

For det andet er min fornemmelse efter at have fulgt projektet udefra, at man måske med fordel kunne stille projektets arbejdsspørgsmål lidt anderledes end projektbeskrivelsen gør. Arbejdsspørgsmålet lyder: "hvorledes en kunstbaseret metode kombineret med organisationsudviklingsmetode kan bidrage til at fremme udvikling og innovation indenfor velfærdsområdet". Hvis der skal tænkes radikalt anderledes, er det måske en dårlig idé at blive hængende ved de funktionelle termer, som de der organiserer uddannelser i dag benytter ved at omtale det pædagogiske felt med begreber som "velfærdsområde" og "organisationer". Velfærdssektoren er et abstrakt begreb, der er opstået, fordi kommuner og professionshøjskoler har brug for et alment synonym der kan sammenfatte et stort fusioneret felt, men

jeg tror ikke det er hensigtsmæssigt at se institutioner som små virksomheder eller gøre pædagoger til pasningsagenter og designere af læring og opdragelse. Især ikke hvis man vil ud over at måle resultatet af det pædagogiske arbejde med IQ-standarder. Hvis målet virkelig er en mere kreativ dagsorden, skulle professionshøjskolerne måske forsøge at gentænke sig selv som noget, der er radikalt anderledes end andre af samfundets organisationer? Og velfærd som noget, der ikke er funktionelt, men som har med den pædagogiske verdens livspraksis at gøre. Hvis man gentænkte og ryddede op i terminologierne og projektmålene tror jeg, man vil kunne konkretisere og trænge ind i velfærd som noget vitalt med *Dans for fremtiden.*

Måske kunne projekt *Dans med Fremtiden* lege med den Scharmer'ske måde at være selvkritisk på. Man kunne jo prøve at spørge, hvordan man selv undgår at downloade i processen med at genopfinde sig selv. Scharmer ville nok svare, at projektet skulle tage dets egen målorientering op til genovervejelse og tygge lidt på, hvordan de gennemgribende rationelle mål undgår at amputere den kreative praksis. Men selv om Scharmer kan hjælpe med projektets selvrefleksion, må projektet endelig fortsætte bestræbelsen på at gøre Scharmer konkret og praktisk, da det forekommer som en mere bæredygtig løsning end den mentalt fokuserede del af Teori-U. Med disse bemærkninger vil jeg gerne markere, at projektet har fat i den lange ende, og lad det blive ved med at blomstre.

Noter

1. Jan Løhmann Stephensen analyserer kreativitetsbegrebet og dets samfundsmæssige sammenhænge i sin ph.d afhandling: Stephensen, Jan Løhmann, 2010. Kapitalismens ånd & den kreative etik. Aarhus: Digital Aesthetics Research Center.
2. I artiklen "Mentale sideværtsbevægelser. Kunstfagene og den generaliserede kreativitet" forklarer N. Lehmann nødvendigheden af at insistere på kunstautonomien i lignende erhvervslivssamarbejdende kreative processer.

Ida Krøgholt, ph.d., lektor ved Institut for Æstetik og Kommunikation, Dramaturgi, Aarhus Universitet. Forsker og underviser i teaterprocesser, kreative processer og performativitet i bred forstand, i teatret, i kulturelle udvekslingsformer og i kunstpædagogisk praksis.

Litteratur

Mihaly Csikszentmihalyi: Flow og engagement i hverdagen. Virum: Dansk psykologisk Forlag, 2005.

Edward de Bono: Lateral Thinking. Pinguin Books, 1990 (1977).

Tatiana Chemi: Atrbased Approaches. Fokus Forlag ,2006.

Howard Gardner: Frames of mind: The theory of multiple intelligences. New York: Basic Books, 1983.

Niels Lehmann: "Mentale sideværtsbevægelser. Kunstfagene og den generaliserede kreativitet." In press, Aarhus Universitet 2012.

Niels Lehmann: " A Secret Art of Rehearsal? : www.rehearsalmatters.org som inspirerende resource". Peripeti nr. 16, 2011.

John Hope Mason: The Value of Creativity. The origins and emergence of a modern belief. GB: Ashgate, 2003.

Shaun McNiff: Art Based Research. London: Jessica Kingsley Publishers, 1998.

C. Otto Scharmer: Theory U. Leading from the future as it emerges. San Francisco: BK Business Book, 2009.

Martin Seel: Ästhetik des Erscheinens, München, 2000 (engl. udg.: Aesthetics of Appearing, Stanford 2004).

What If! The Innovation Compagny: Sticky Wisdom. How to start a Creative revolution at Work. UK: Capstone, 2006 (2002).

Jan Løhmann Stephensen: Kapitalismens ånd & den kreative etik. Aarhus Universitet, 2010.

Jan Løhmann Stephensen: "Kreativitet og videnspolitik". Peripeti særnummer, Kunst, kreativitet og viden, 2012.

SERIEHÆFTE

SERIEHÆFTE